# Herderbücherei

Band 464

## Über das Buch

Vor ein paar Jahren noch waren wir stolz auf Wiederaufbau und Wirtschaftswunder. Heute befällt uns eine seltsame Beklommenheit, wenn wir daran denken. Schoeck erklärt diesen Stimmungswechsel zum Teil als Ergebnis einer gezielten Manipulation unseres Gemüts durch die veröffentlichte Meinung. Durch pausenloses Infragestellen der vorhandenen Gesellschaft und durch bedenkenloses Überangebot geschichtsloser Sozialutopien ist es den verschiedenen Spielarten der Linken gelungen, in der Bevölkerung ein vages Schuldgefühl zu erzeugen, das anfällig macht für neue Heilslehren.

Gewiß gibt es in jeder Gesellschaft stets Anlaß zu sinnvollen und brauchbaren Reformen, aber Schoeck bezweifelt, daß im Nebel publikumswirksamer Schlagworte, suggerierter Tabus und anachronistischer Gesellschaftstheorien überhaupt die richtigen Entscheidungen noch politisch möglich sein werden. Er zeigt daher die innere Widersprüchlichkeit zahlreicher Werthaltungen und Zielvorstellungen auf, die heute schon viele politische Entscheidungen beeinflussen. Er möchte durch provozierenden, gelegentlich satirisch verschärften Widerspruch verhindern, daß ältere und neueste Fehlentscheidungen durch eine Tabuierung ihrer erneuten Infragestellung konserviert werden.

## Über den Autor

Prof. Dr. Helmut Schoeck, geb. 1922 in Graz, studierte in München und Tübingen, promovierte 1948 bei Eduard Spranger mit einer Arbeit über die Wissenssoziologie, war 1950 bis 1965 Professor an amerikanischen Universitäten und lehrt seit 1965 als ordentlicher Professor für Soziologie an der Universität Mainz. Veröffentlichungen u. a.: Nietzsches Philosophie des „Menschlich-Allzumenschlichen" (1948) – USA: Motive und Strukturen (1958) – Was heißt politisch unmöglich? (1959) – Die Soziologie und die Gesellschaften (1964) – Internationale Anerkennung fand sein 1966 erstmals veröffentlichtes Werk „Der Neid. Eine Theorie der Gesellschaft". 1970 erschienen davon Ausgaben in englischer Sprache in Nordamerika und England, eine spanische Übersetzung in Südamerika. Die Taschenbuchausgabe vom „Neid" liegt in 3. Auflage in der Herderbücherei (Band 395) vor.

Schoecks „Soziologisches Wörterbuch", als Originalausgabe in der Herderbücherei veröffentlicht, erschien 1973 in 7. Auflage. Eine spanische Ausgabe erscheint 1973. Die jüngsten Veröffentlichungen Schoecks sind das Taschenbuch „Entwicklungshilfe" (Langen Müller, 1972), der vieldiskutierte Essay „Ist Leistung unanständig?" (A. Fromm Verlag, Osnabrück, 4. Aufl. 1972) und „Vorsicht Schreibtischtäter. Politik und Presse in der Bundesrepublik" (Seewald, 1972).

# Helmut Schoeck
# Soziologisches Wörterbuch

Band 312 ::. 400 Seiten, 7. Auflage

Die Soziologie gilt heute vielen als zentrale Wissenschaft
unserer Zeit; wie man zu diesem Anspruch auch stehen
mag, ein Wörterbuch der Soziologie gehört in die Hand
eines jeden, der sich laufend informieren möchte. Dieser
Band bringt 535 alphabetisch angeordnete Stichworte.
Von einem einzigen Autor, mit Hinweisen auf die neueste
Literatur, geschrieben, kann diese Darstellung der Grund-
begriffe, Methoden und Arbeitsgebiete der Soziologie auch
als erste Einführung in sie dienen.

# Helmut Schoeck
# Der Neid
# und die Gesellschaft

Band 395 ::. 320 Seiten, 3. Auflage

Der Autor will mit dieser Untersuchung des Neids – im
Sinne einer Theorie und mit verschiedenen Hypothesen –
erklären, wie es zu bestimmten, in jeder Gruppe und in
jeder Gesellschaft wirkenden Verhaltenssteuerungen gekommen ist, ohne die es kein gesellschaftliches Zusammenleben geben kann, die aber auch zu gefährlichen Aggressionen und übertriebenen Handlungshemmungen führen
können. Es wäre zwecklos, nach gesellschaftlichen Strukturen zu fragen, ehe man zu verstehen sucht, welche Triebe
im Menschen sie schaffen, tragen, ändern oder vernichten
können.

# in der Herderbücherei

# Die gelbe Serie

Hans Bauer
Das Ende des deutschen Gymnasiums
Band 440 ·    144 Seiten

Walter Eberle / Winfried Schlaffke
Gesellschaftskritik von A − Z
Band 450 · ·    192 Seiten    2. Aufl.

L. Kroeber-Keneth
Zuviel Akademiker?
Band 448 ·    128 Seiten

Hermann Lübbe
Hochschulreform und Gegenaufklärung
Band 418 ·    160 Seiten

Person und Revolution
Marx − Lenin − Mao
(Herausgegeben von Claus D. Kernig)
Band 425 ·    172 Seiten    2. Aufl.

Revolution und Gesellschaft
(Herausgegeben von Theodor Schieder)
Band 462 · ·    192 Seiten

# in der Herderbücherei

Helmut Schoeck

# Die Lust
# am schlechten Gewissen

Herderbücherei

Originalausgabe
erstmals veröffentlicht als Herder-Taschenbuch

1. Auflage Juni 1973
2. Auflage August 1973

# Inhalt

# Vorwort

Manche glauben heute, sie würden um so eher zum „richtigen Bewußtsein", zum Gleichschritt mit den „Fortschrittlichen" kommen, je mehr sie, fast lustvoll, ihr schlechtes Gewissen kultivieren. Unentwegt fühlt man sich irgendwie schuldig für die unzählbaren Umstände, Strukturen, Versäumnisse und Verhältnisse der eigenen Gesellschaft, die es zu verhindern scheinen, daß alle gleichzeitig an allem in gleichem Maße teilhaben.

Jene, die uns die jetzige Gesellschaftsform unter den Füßen wegziehen wollen, haben uns als Gewissenspflicht die ständige Beschäftigung mit einer im Grunde unbeantwortbaren Frage aufgebürdet. Es ist die Frage nach der vollkommen gerechten, der endgültig befriedeten Gesellschaft oder gar der „gerechten Welt". Diese „Welt" umfaßt, im Sinne der Anklage, allerdings stets nur uns, die USA und die „Dritte Welt". Die UdSSR, die DDR und andere Ostblockstaaten bleiben ausgeklammert. Die Beschäftigung mit dieser unbeantwortbaren Frage führt zu einem vagen schlechten Gewissen, das keinen Hinweis gibt, wie die wirklich gerechte Gesellschaft am Ende aussehen würde, wie sie zu erreichen wäre und wer in ihr absolut herrschen müßte, damit sich keine neue Ungerechtigkeit ergeben kann.

Was aus dem schlechten Gewissen allein entsteht, ist der Gram, die Unsicherheit, ja oft bereits der Ekel über die Gesellschaft, in der man aufwuchs. Dieser Unsicherheit, dieser suggerierten Selbstanklage suchen manche nun zu entfliehen, indem sie, als Zeichen ihres guten Willens, ihrer Fortschrittlichkeit, ihr schlechtes Gewissen mit dem vermeintlich „richtigen Bewußtsein" des Marxisten oder kompromißlosen Sozialisten tünchen und vieles, was diese anstreben, dann gar nicht mehr als so schlimm empfinden.

Vor einem halben Jahrhundert nannte Albert Schweitzer das gute Gewissen der Selbstgerechten eine Erfindung des Teufels. Heute haben aber gerade jene ein teuflisch gutes Gewissen, die sich zu jeder gesetzes- oder verfassungswidrigen Handlung, zu jeder noch so einseitigen und zynischen seelisch-geistigen Manipulation der Heranwachsenden berechtigt glauben, weil sie allein das „richtige Bewußtsein" hätten. Wer sich ihnen aus eigenem schlechten Gewissen anpaßt, wird deshalb immer an die Wand gespielt werden.

Zu einem schlechten Gewissen im guten Sinne des Wortes kann es nur kommen, wenn *ein* Mensch genau weiß, was seine Tat oder seine Unterlassung einem anderen angetan hat. Der gute Schwimmer, der sich scheute, zum Ertrinkenden ins Wasser zu springen, der Zeuge, der aus Bequemlichkeit schweigt, sie müßten ein schlechtes Gewissen haben, ebenso wie der Verbrecher. Dieser allerdings soll heute nach Ansicht progressiver Gewissensmacher keines mehr haben, weil *sein* schlechtes Gewissen zugleich individuelle Schuld, Verantwortung und Sühnebereitschaft bedeuten würde. Für wen aber stets nur „die Gesellschaft" an einem Verbrechen schuld ist, darf es kein schlechtes Gewissen des Täters mehr geben. An seiner Stelle braucht man aber, damit die These von der „Gesellschaft als Täter" sticht, das schlechte Gewissen möglichst vieler über die eigene Gesellschaft.

# 1. Das unterwanderte Gemüt

Der durch unsere Verfassung vorgezeichnete Rechtsstaat und die Marktwirtschaft mit ihrer Freizügigkeit bei Arbeit und Freizeit, die Gesellschaftsform und Wirtschaft, in der die meisten von uns leben möchten, befinden sich seit etwa 1967 in einem erstaunlichen Rückzug vor ihren erklärten Feinden und vor dem eigenen Willen, sich zu behaupten. Man hat ihr den Schneid abgekauft. Die Waffen, vor denen sie seit fünf Jahren zurückweicht, denen sie am Ende unterliegen könnte, sind überwiegend Worte, genauer: ein paar Dutzend Schlagworte, umgedeutete Begriffe, zusammengebaut zu einem Dutzend primitiver Deutungs- oder Erklärungsformeln für alles, was immer jemanden irgendwo und irgendwann und irgendwie bedrücken oder bekümmern kann.

Die Strategie zur linksradikalen Zermürbung unserer Gesellschaft bedient sich deutlich erkennbar einer sprachlichen Unterwanderung unseres Bewußtseins und damit oft auch unseres Gemüts. Man zwingt uns eine Sprache auf, die entmutigt. Und zwar auf zwei Wegen. Auf dem einen werden immer mehr modische neue Wortungetüme, Pseudofachausdrücke in die Alltagssprache eingeschleust, die dem Sprecher, auch wider Willen, eine von links vorgeformte Betrachtungsweise aufzwingen. Ein Hausfriedensbruch, eine Nötigung, heißt etwa Teach-in oder „Konfrontation zwecks eines demokratisierenden Lernprozesses", und das rechtmäßige Hinauswerfen von gewaltsam irgendwo Eingedrungenen heißt dann unheilvolle, willkürliche und deshalb äußerst bedenkliche „Eskalation".

Auf dem zweiten Weg werden uns von denselben Publizi-

sten, von denselben Leuten aus der Sprache klare, anspruchs-
lose, alte Worte geraubt, sie werden tabu erklärt, sie werden
als unwissenschaftlich oder undemokratisch abgewertet. So hat
vor kurzem der Kultusminister eines CDU-regierten Landes in
einem Interview ganz ungeniert zugegeben, daß er sich einige
Jahre lang nicht getraut habe, das Wort „Begabung" auch nur
in den Mund zu nehmen. Der Mut dazu sei ihm erst jetzt wieder
gekommen. Das Eingeständnis dieses Kultusministers ist aber
bezeichnend. Es belegt nämlich, wie leicht es heute offenbar
ist, selbst – oder vielleicht gerade – hochgebildete, prominente
Persönlichkeiten in ihrem eigenen Sprachgebrauch, in ihrer
Wortwahl irrezumachen (ich sage lieber „irrezumachen" als
„zu verunsichern", weil dieser Ausdruck selbst zur linksradikalen Strategie bei uns gehört).

Selbst scheinbar so harmlose Begriffe wie „Gesellschaft",
„gesellschaftlich" und „Veränderung" werden heute als
Rauchkerzen in die Landschaft geworfen, die für den einzelnen
vernebeln, was um ihn vorgeht. Fast niemand kann genau sagen, was die Gesellschaft ist, wo sie anfängt, wo sie aufhört, was
ihr Verhältnis zum Staat ist, aber immer mehr Zeitgenossen
blicken zum Fetisch „Gesellschaft" auf wie einst zu Gott. Diese
Übergesellschaft und ihre vermeintlich beliebige Veränderbarkeit ist so verführerisch, weil sie jenen ein bequemes Alibi bietet, die wegen alldem ein schlechtes Gewissen haben, was sie
selber versäumen. Es ist ein Irrtum, zu glauben, es könne und
müsse für alle *Teil*probleme von *Teilen einer* Bevölkerung jeweils Patentlösungen auf der Ebene der ganzen Gesellschaft
geben. Dieser Irrtum bahnt einem der gefährlichsten Motive
der linken Gesellschaftsveränderer einen Weg, nämlich dem
Neid und Ressentiment. Wo immer nicht alle zur selben Zeit
irgend etwas in gleichem Maße haben oder sein können, soll
es keiner mehr haben oder sein. Damit werden aber gerade diejenigen persönlichen Motive ausgetrocknet, die im Lauf der
Geschichte, oft unbeabsichtigt, Verbesserungen des sozialen
Zusammenlebens und der materiellen Lebensbedingungen für
alle ermöglicht haben.

Fragwürdig ist auch die Vergötzung des Begriffs „Veränderung", als ob jede Veränderung eine Reform und jede Reform ein echter Fortschritt sei. Ob eine Veränderung direkt oder indirekt zu Verschlechterungen, zu Rückschritten führt, zeigt sich oft erst viel später. Vermutlich wollen die radikalen „Gesellschaftsveränderer" überhaupt nicht eine Veränderung der „Gesellschaft", *sofern* man unter Gesellschaft die Gesamtheit der Institutionen, der öffentlichen Einrichtungen, der sozialen Kontrollen einer Bevölkerung versteht. Diese sollen in ihrem Zwangscharakter vielmehr ausgebaut und für eine neue unabwählbare Funktionärselite verfügbar werden. Was mit der Beschwörung der zu verändernden Gesellschaft angestrebt wird, was teilweise schon vor sich geht, ist die stetige Verkleinerung der Spielräume im privaten Bereich für jeden einzelnen Menschen. Dieser soll durch „Bewußtseinsveränderung" dazu gebracht werden, es als „gesellschaftlichen Fortschritt" aufzufassen, wenn es ihm selbst immer weniger freisteht, beispielsweise zu entscheiden, wie und wo er seine Kinder erziehen läßt, wie und wo er für seine Gesundheit sorgt, wie und wo er seine Vermögensbildung betreibt, wie und wo er sich informiert.

Heute reden bereits viel zu viele von Bewußtseinsveränderung und machen es denen leicht, die sie an uns verüben möchten. Kein Bühnenhaus, keine Kunstausstellung kann mehr eröffnet werden, ohne Bekenntnis zu diesem Ziel. Die Bewußtseinsveränderung ist gesellschaftspolitischer Auftrag und soziales Allheilmittel zugleich. Antiautoritäre Kindergärten, kirchliche Veranstaltungen, Theater, Kunst, Universitäten: Alles, so hört man täglich, müsse von jetzt an im Dienst dieser Bewußtseinsveränderung stehen. Zwar dürfen Theater, Film, Musik hin und wieder für einfache Gemüter auch noch ein wenig Entspannung und Freude bringen, aber ihre eigentliche Rechtfertigung besteht in der Aufgabe der Bewußtseinsveränderung. Die Bewußtseinsveränderung ist dea ex machina: wer immer einen (meist jugendlichen) Gesprächspartner auf unbequeme Tatsachen im menschlichen Verhalten hinweist, erhält ausnahmslos die Antwort: Das wird sich schon geben, wenn wir erst das Bewußtsein verändert haben.

Was soll man sich aber unter Bewußtseinsveränderung vorstellen? Ist sie ein unumkehrbarer oder ein umkehrbarer Prozeß? Für die Gesellschaftsveränderer müßte sie ja ein absolut irreversibler Vorgang sein. Nur spricht keine einzige Beobachtung für die Unumkehrbarkeit irgendeiner Bewußtseinsveränderung. Und selbst wenn es zur Unumkehrbarkeit käme, bliebe noch die Frage, ob diese Einbahnstraße endlich oder unendlich gedacht werden soll.

Hat sich übrigens je das ganze Bewußtsein einer Bevölkerung oder auch nur eines einzigen Menschen gleichmäßig und gleichzeitig oder in einer absehbaren Frist in der gewünschten Richtung verschieben lassen? Der immer noch anzutreffende Aberglaube beispielsweise, verschiedene irrationale Vorstellungen bei den Einwohnern der Industriegesellschaften sprechen für die Ungleichmäßigkeit, die Lückenhaftigkeit jeder Bewußtseinsveränderung. Die laufende offizielle Selbstkritik in der Sowjetunion zeigt, wie gering, wie ungleichmäßig die Bewußtseinsveränderungen selbst 50 Jahre nach der Abschaffung des Kapitalismus und der Errichtung einer sozialistischen Erziehungsdiktatur im ganzen Lande geblieben sind.

Tatsächliche ,,Bewußtseinsveränderungen'' seien keineswegs bestritten. Sie werden heute wohl auch häufiger auftreten und mehr Menschen als je zuvor berühren. Natürlich können und sollen Theater, Kunstausstellungen und vieles andere das Bewußtsein des Publikums verändern. Doch wird diese Veränderung bei verschiedenen Menschen oft in verschiedene Richtung gehen. Und was heute durch ein Bühnenstück oder eine Predigt ein wenig in diese Richtung verschoben wurde, kann in drei Wochen durch ein anderes Erlebnis wieder in die entgegengesetzte Richtung geschoben werden.

,,Bewußtseinsveränderung'' könnte auch ein viel bescheidenerer Begriff sein. Soll sie nur größere Aufgeschlossenheit, eine potentielle Wandelbarkeit von Auffassungen aller Art bedeuten, haben wir sie schon seit langer Zeit und ohne die Geburtshilfe jener Kreise, die sich heute zu den Hohenpriestern der Bewußtseinsveränderung gemacht haben. Der allgemeine durchgreifende Wandel in so vielen Lebensbereichen und Erscheinungen, allein schon während der letzten Jahrhunderte, ist ohne Bewußtseinsveränderung gar nicht erklärbar. Diese aber meinen die heutigen Bewußtseinsveränderer nicht. Was sie anstreben, ist eine ganz bestimmte, einmalige Veränderung des Bewußtseins zugunsten einer einzigen sozialen Theorie. Ist diese Veränderung erreicht, müßten unsere „Bewußtseine" für alle Zeiten wieder brav einrasten, damit das Idyll des neuen Totalitarismus nicht gestört wird.

Vielleicht sind die Aussichten für den Erfolg dieser grandiosen Manipulation so lange gering, als die hauptberuflichen Bewußtseinsveränderer in Film und Feuilleton, in antiautoritären Kindergärten und Ferienlagern und in Rahmenrichtlinien für neue Lehrpläne einander ausschließende Ziele verfolgen. Einerseits will man sexuelle Enthemmung, Normenlosigkeit, uneingeschränkte private Lustsuche, totalen Hedonismus. Andererseits wollen dieselben Bewußtseinsveränderer denselben Menschen, außerhalb des Bettes, in ihrem industriell-wirtschaftlich befriedigten Leben Askese und Genügsamkeit, fraglose Unterordnung unter ein Konsumsteuerungsgremium aufzwingen. Wird sich der aller elementarsten Normen gesellschaftlichen Lebens entwöhnte Mensch des Jahres 2000 ausgerechnet und allein als Güterkonsument wieder Normen beugen, die ihm Befriedigungen vorenthalten, die seinen Eltern noch selbstverständlich waren?

Sucht man den gemeinsamen Nenner für das Lebensprinzip derjenigen, die heute bei uns am eifrigsten die Umwertung aller Werte verkünden, so erhält man ungefähr dies: für jeden die größtmögliche Lust, bei der geringstmöglichen Rücksicht auf sich und andere, einst und künftig, bei häufigstmöglicher Abwechslung der Lustquellen. Als Hedonismus kennen wir dieses Ziel, vertreten von einigen Philosophen, seit der Antike. Wir wissen auch, daß ein solcher Hedonismus jede denkbare Ethik durch einen mehr oder minder unverhüllten Amoralismus ablösen muß, wobei aber der Amoralist aus seinem Verhalten und seiner Gesinnung nur dann und nur so lange einen maximalen Lustgewinn ziehen kann, als es noch eine Moral gibt, die andere an dem hindern, was er tut, und die obendrein andere in Pein und Gewissensnöte bringt, wenn sie sehen und zulassen müssen, was der Amoralist treibt. Amoralismus und Hedonismus lohnen sich vermutlich nur als privates und klüngelhaftes Kontrastprogramm zu einer bestehenden Moral, einer bestehenden Wertordnung, mit dem sich Pseudo-Eliten solidarisieren und gegenseitig zu erkennen geben. Insoweit manche unserer Massenmedien (bzw. einzelne Programme in ihnen) in die Hände dieser Pseudo-Eliten („taste-setters") gefallen sind, konnte der Eindruck entstehen, die Aufgabe aller überkommenen Werte sei unvermeidlich; jeder, der nicht dem Hohn der veröffentlichten Meinung zum Opfer werden wolle, müsse sich dem Zeitgeist anschließen.

Welche Kenntnislosigkeit der Literatur und der geistigen Auseinandersetzungen in der zweiten Hälfte des 19. Jahrhunderts müssen aber heutige Politiker haben, wenn sie glauben, ihre „Modernität", ihre Zeitgemäßheit beweisen zu können, indem sie dieser Umwertung aller Werte beipflichten oder sie schweigend dulden. Es gibt keinen einzigen Wert, der nicht schon längstens – und meistens viel durchdachter – vor hundert Jahren „in Frage gestellt" worden war: im Gegensatz zu heute meist von Autoren, die sich ihr Leben lang bemühten, neue, in sich stimmige Wertetafeln aufzustellen, die an die Stelle der gestürzten treten könnten. Es ist aber kein Zufall gewesen, daß manche dieser neuen Werte, etwa die von Friedrich Nietzsche in seiner Spätphase verkündeten, in unserem Jahrhundert sich als die mißbrauchbarsten erwiesen haben.

Es gilt heute als fortschrittlich, zu meinen, jede Gesellschaft, die sich an einen allgemeinverbindlichen Wertekanon hält, müsse erstarren, könne keine Neuerungen hervorbringen, leide an einem „Modernitätsrückstand", sei ein System der „Repression". Wie erklärt man sich aber dann die Tatsache, daß es gerade diejenigen Gesellschaften gewesen sind, die bis heute als Kern ihrer sittlichen Wertordnung die uralten Zehn Gebote hatten, in denen sich der bisher explosivste, tiefgreifendste Wandel auf jedem Gebiet der bisherigen Menschheitsgeschichte ereignet hat? Und wie erklärt man sich, daß es gerade diejenigen Gesellschaften sind, in denen die Umwertung aller bisherigen Werte noch *nicht* offiziell vollzogen wurde, die zugleich die bisher größte Narrenfreiheit für jeden Nonkonformismus zulassen – verglichen mit allen Gesellschaften, die seit 1917 im Zeichen des Sozialismus die Abschaffung aller traditionellen Werte verkündet und formal vollzogen haben?

Man darf auch zwei Versuche nicht verwechseln: es ist etwas völlig Verschiedenes, ob ich einen vorhandenen, seit Jahrtausenden gesellschaftlich wirksamen Wert durch Erziehung und Aufklärung bei einer Bevölkerung zur Erreichung eines neu aufgetauchten Zieles umlenke und einsetze oder ob ich behaupte, alle früheren Werte seien hinfällig und man könne ruhig auf die neuen warten. Denn was sollen diese denn eigentlich sein? Weshalb sollen sie uns in der nahen Zukunft zufallen? Schließlich ist es schon schwer genug, einen wirklich neuen Wert zu finden, der in den letzten 100 oder 200 Jahren entdeckt worden wäre, ohne auf Werte rückführbar zu sein, die für die betreffenden Länder und Kulturen schon über viele Generationen vorher gegolten haben. Die vielbesungenen Grundwerte der Französischen Revolution jedenfalls lassen sich zum Teil in der vorchristlichen Antike, zum Teil schon bei vielen schriftlosen Naturvölkern nachweisen.

Es ist also eine Arroganz, verbunden mit Ignoranz, wenn einige heutige Gesellschaftsreformer sich zutrauen und anmaßen, Werthaltungen durch angeblich neue Werte abzulösen.

Die Werthaltungen, gegen die sie Sturm laufen, entstanden aus jahrtausendelangem Bemühen um einigermaßen erträgliches und erfolgreiches Zusammenleben. Viele dieser Werte sind sehr wahrscheinlich auch im Einklang mit genetisch verankerten Verhaltensweisen, die der Mensch mit vormenschlichen Lebewesen teilt.

Was heute in der Bundesrepublik unter der Regie einer linken Expertenclique, mit Hilfe einer Anzahl von ,,reformistischen" Politikern und Publizisten, versucht wird, ist Abbau von verbindlichen Wertvorstellungen, die unsere Gesellschaft bisher möglich gemacht haben. Hierbei aber berufen sich eben diese Kreise auf diese oder analoge Werte (und ihre Rückhalte im Gefühl der Menschen) dort und dann, wo sie zufällig in ihre langfristige Strategie passen. Neue Werte oder neue Vorstellungen, um ein totales Wertvakuum auszufüllen, haben sie bisher nicht deutlich machen können.

Sieht man sich die Relativierung, die Aufweichung oder Zerstörung der herkömmlichen Grundwerte in der gegenwärtigen linken Politik näher an, so zeigt sich, daß aber gerade diese Politik ohne viele dieser Werte nicht auskommt, sondern sie nur gezielt auf bestimmten Gebieten verneint und bagatellisiert.

So hat z. B. die Verbindlichkeit, die Tragweite des Wertes „Vaterland", „eigene Nation" oder Heimatstaat in der Bundesrepublik heute völlig verschiedenen „Stellenwert", je nachdem, ob er eine Politik des Neides oder eine Politik des Wohlwollens gegenüber Wehrdienstverweigerung tragen soll. Das Steuer„flucht"gesetz stützt sich ausdrücklich auf einen allgemein verbindlichen Vaterlandsbegriff, den aber derselbe Gesetzgeber als absoluten Wert zu nehmen nicht mehr wagt, wenn es darum ginge, den Mißbrauch der Möglichkeit der Wehrdienstverweigerung aus Gewissensgründen zu erschweren.

Nach dem neuen Außensteuergesetz muß ein Bundesbürger, der im Inland beispielsweise ein Unternehmen aufgebaut hat, bei der Verlegung seines ständigen Wohnsitzes in ein steuergünstiges Ausland so behandelt werden, als ob er seine Firma bzw. seine Anteile an ihr am Tag vor der Übersiedlung veräußert hätte. Obendrein muß er noch viele Jahre nach seiner Auswanderung steuerlich mit seinem in- und seinem ausländischen Einkommen, also seinem Welteinkommen, so behandelt werden, als ob er im Inland wohnen geblieben wäre. Ein Ausländer, z. B. ein Amerikaner, der in derselben Zeitspanne in der Bundesrepublik ein Unternehmen aufgebaut hat und später verkauft, würde nicht so geschröpft werden. Dieses Gesetz gegen Steuer„flucht" zielt nur auf deutsche Staatsangehörige. Als Argument hört man: wer als Bundesdeutscher in der Bundesrepublik gut verdient habe und vermögend geworden sei, schulde dem Vaterland loyalerweise bis ans Lebensende die höchstmögliche Steuer. Daß ein reeller Kaufmann oder Fabrikant nur dann ein Vermögen aufbauen konnte, wenn seine Firma Millionen von Kunden etwas zu bieten hatte, was sie ebenso bequem, gut und preiswert bei keinem anderen bekommen konnten – daß er also für die Bevölkerung seines Landes eine offensichtlich unersetzliche Leistung erbracht hat, bleibt bei dieser ressentimentvollen Begründung der neuen Finanzpolitik verschwiegen.

Ebenso scheint sie übersehen zu haben, daß es ja auch andere Unternehmer gibt, die nur dank ihrer Resonanz beim bundesdeutschen Konsumenten groß geworden sind, aber vom Gesetz ungeschoren bleiben, wenn sie an freundlichere Gestade ziehen: die Inhaber von urheberrechtlich geschützten Produktionsmitteln, also Schriftsteller, Komponisten, Dirigenten, Solisten, Sänger, bildende Künstler. Daß sie, dank des Urheberrechts an ihren Werken, höchst lukrative Produktionsmittel besitzen, die sie nur dank der Lohnarbeit anderer auswerten können, zeige ich unten in Kapitel 12 noch näher. Sollte beispielsweise künftig der eine oder andere Autor, dessen Bücher ihm jährlich Millionen an Tantiemen einbringen und dessen Produktionskapital ein Verlag in der Bundesrepublik urheberrechtlich verwaltet, in ein weniger sozialistisch besteuerndes Ausland ziehen, müßte man ihm eigentlich den Umzug ebenso teuer machen wie dem anderen Unternehmer. Oder ist, um das Wort eines Politikers in Hessen zu zitieren, der weltberühmte Schriftsteller, der seinen Ruhm und Reichtum Millionen von Lesern in der Bundesrepublik in erster Linie verdankt – und den Arbeitern im graphischen Gewerbe, die seine Bücher millionenfach vervielfältigen – nicht auch ein „vaterlandsloser Geselle", wenn er, nach vollbrachter Schaffung seines Kapitals, ins Ausland zieht und sich die Erträge vom Verwalter seiner urheberrechtlichen Nutzungsmöglichkeiten dorthin überweisen läßt?

Für die vorliegende Untersuchung der Widersprüche in der Wertewahl heutiger Politik besonders aufschlußreich ist nun die sittliche Bindung des Bundesbürgers ans Vaterland, dem er seinen wirtschaftlichen Erfolg verdanke und das er deshalb, auch nicht in völlig legaler Weise, um irgendwelche Steuern bringen dürfe, indem er – nach vollbrachter unternehmerischer Leistung – in eine Steuer„oase" übersiedelt. Die selbstaufopfernde Pflicht des Individuums gegenüber dem Vaterland, der

„Volksgemeinschaft" (wie es einst hieß), wird in dieser Finanzpolitik so absolut gesetzt, daß sie sogar zu einer Verletzung des Menschenrechts auf Freizügigkeit führt. Nach dem Zweiten Weltkrieg legte die Menschenrecht-Konvention der UN ausdrücklich fest, daß jeder Mensch das Recht haben solle, jedes Land, auch sein eigenes, jederzeit zu verlassen, *ohne irgendwelche Nachteile zu erleiden.* Dieses Menschenrecht hat man für Bundesbürger abgebaut, vorerst für Begüterte, im Brustton der Wahrung absoluter Werte: nämlich der Pflicht, die jeder seinem Vaterland gegenüber habe. Dieselben Politiker und ihre Freunde in den Massenmedien und auf juristischen Lehrstühlen würden es entrüstet von sich weisen, wenn man verlangen würde, man solle endlich die allzu leicht gewordene Wehrdienstverweigerung auf die wenigen echten Fälle beschränken: unter Berufung auf die Pflicht des jungen Mannes seinem Land gegenüber, das es ihm erlaubte, in Freiheit, wohlgenährt und kostenlos ausgebildet, 20 Jahre alt zu werden. „Pflicht der eigenen Nation gegenüber? Das gibt es doch in unserer pluralistischen Gesellschaft nicht mehr", wäre die Antwort. Je nachdem, ob progressive Experten Argumente fürs Finanzministerium oder fürs Verteidigungsministerium liefern, steht heute die Pflicht des einzelnen dem Vaterland gegenüber an der Spitze oder am Ende der Wertetafel.

Wer meint, die sich hinter dem neuen Außensteuergesetz verbergende Mentalität werde ihn persönlich nie um seine Freiheit bringen, sollte nachdenken. Vor zwei Jahren war in Bonn schon einmal von einer Sondersteuer auf Leute mit Hochschulausbildung die Rede, weil diese doch so besonders viel ihrer Gesellschaft (= Vaterland) verdankten. Von solchen Erwägungen ist es nicht sonderlich weit zu der Praxis der Sowjetunion, die ihre Juden an der Auswanderung ganz einfach damit hindert, daß sie sich die Kosten der Ausbildung des einzelnen vorher zurückzahlen läßt und diese unerschwinglich hoch veranschlagt.

# 2. Sprache als Trojanisches Pferd

Wer den Willen eines anderen brechen möchte, fährt am besten, wenn er sein Opfer zwingen kann, eine neue Sprache zu lernen: Die Pseudosprache des Angreifers, die dem zu Unterjochenden die Begriffe raubt, mit denen er bis dahin Recht und Unrecht, Sinn und Unsinn zu scheiden wußte. Alle totalitären Systeme in unserem Jahrhundert, tatsächliche und erdachte, haben deshalb ihren eigenen Jargon entwickelt. Den des Hitler-Reiches fanden wir nach dem Krieg im „Wörterbuch des Unmenschen" analysiert. George Orwell beschrieb in „1984" – dem Roman, den die Neue Linke wütend eine „Utopieverleumdung" nennt –, wie die totale Diktatur durch fortwährend neue, sinnverdrehende Worte die Bevölkerung im Joch hält.

Diesem Vorbild entsprechend findet bei uns seit etwa 1967 eine sprachliche Unterwanderung, eine Lähmung unserer freiheitlichen Gesellschaft und ihrer verfassungsmäßigen staatlichen Organe statt. Es ist ein Modellfall linguistischer Guerillataktik. Ebenso wie die Trojaner zu ihrem Verderben das hölzerne Pferd der Griechen nicht zuletzt aus Neugier in die Stadt zogen, haben wir uns aus eitler Novitätengier schon viel zu viel vom linken Jargon zu eigen gemacht. Wir gingen so leicht in die Falle, weil Jahre vorher die Anglisierung der deutschen Sprache begonnen hatte. Wer gewöhnt ist, clever, creativ, layout und marketing zu sagen und zu schreiben, findet zunächst nichts dabei, wenn junge Leute „go-ins", „sit-ins" und „teachins" veranstalten. So genoß die Linke von Anfang an Narrenfreiheit, weil niemand wußte, ob Gewaltakte, die mit einem amerikanischen Neologismus angekündigt wurden, überhaupt mit dem Strafgesetzbuch kollidieren können. Wer wollte schon so unmodern sein und ein „go-in", ein „sit-in" als Hausfriedensbruch oder Nötigung bezeichnen?

Sobald die Linksradikalen herausgefunden hatten, wie weit sie im Zeichen des „go-in" gehen konnten, ohne sich die Finger zu verbrennen, tauchten deutsche Wortneubildungen zum selben Zweck auf. Das Wort „umfunktionieren" deckt z.B. verschiedene Tatbestände, die man früher ohne Scheu sofort und scharf geahndet hätte. Für die Lähmung unserer Justiz kommt man sogar schon ohne Fremdwort aus: Man nennt es „Verunsicherung". Wie soll man einer Gruppe das Handwerk legen, die „Verunsicherung" übt? Das Strafgesetzbuch schweigt dazu.

Wenn unsere staatlichen Organe sich aber weiterhin so düpieren lassen, könnten in einigen Jahren kleine Mädchen von Banden unter dem entwaffnenden Slogan „Emanzipation von Libido-Repressionen der spätkapitalistischen Gesellschaft" auf dem Schulweg mißbraucht werden. Man wird dann die Kinder genausowenig schützen können wie heute die Fensterscheiben der Gebäude, wenn erst ein Dutzend Rotten gleichzeitig in einer Großstadt Bewußtseinsveränderung durch „kollektive Sexualemanzipation" üben. Man sollte sich nicht darüber täuschen, wie kurz der Weg von den jetzigen Provokationen zu wesentlich Schlimmerem ist. Der Staat, der seine Verzagtheit beim Schutz des Eigentums und der Menschenwürde seiner Bürger zeigte, bringt kaum mehr die Resolutheit auf, ihre physische Person zu schützen.

Es ist höchste Zeit, sich den linken Jargon abzugewöhnen. Die Gängigkeit, ja Beliebtheit des Jargons bei den ausersehenen Opfern der Revolution ist wesentlicher Teil der Strategie. Als 1968 an einer Universität der Anti-Notstandsgesetz-Streik kläglich zusammengebrochen war, beklagten sich die Linken danach in einem Flugblatt besonders bitter über jene „reaktionären" Studenten, die auf die stolze Erklärung, dies sei ein „teach-in", fragten: „titsch-in? Was ist denn das? Könnt ihr nicht mehr deutsch reden?" Vor solch tapfer gemimtem Hinterwäldlertum schrumpfte das linke Pathos zusammen wie ein angestochener Luftballon.

Wie nötig ein Widerstand gegen die begriffliche Unterwanderung bei uns ist, zeigt z. B. das Interview mit einem Justizminister aus dem Jahr 1969. So richtig und entschlossen er die Terroristen einschätzte, so falsch war seine Wortwahl: „Es ist unzulässig, zu versuchen, sich durch provokatorische und terroristische Aktionen von einer Minderheit in eine Mehrheit umzufunktionieren." Das Wort „umzufunktionieren" bemäntelt in diesem Fall rechtsstaatsgefährdende Handlungen, die längst wirksam unterbunden worden wären, wenn die Täter das Konterfei Alfred Rosenbergs an Stelle der Bilder von Mao und Ché in ihren Buden hängen hätten.

Ich weiß nicht, ob irgendwo noch ein „bürgerlicher Mittagstisch" angeboten wird. Sicher ist aber, daß „Bürger" und „bürgerlich" innerhalb weniger Jahre wieder zu Diffamierungsvokabeln gemacht wurden, denen man sich meist ohne ernsthaften Widerstand beugt, ja sie selbst oft – mit albernem Lächeln vor einem schlechten bürgerlichen Gewissen – im Sinne der Linken verwendet.

Es ist grotesk, wie unentwegt seit über hundert Jahren bis zur Stunde mit dem klischeehaften Gegensatz Bürger–Nichtbürger gearbeitet werden kann. Da beklagt beispielsweise ein Kritiker von Pinters Stück „Heimkehr" an einer rheinischen Bühne, die Inszenierung habe es nicht verstanden, *das* deutlich werden zu lassen, worauf es dem Autor ankäme: nämlich *dem Bürger* unter die Haut zu gehen, ihn „speiübel" – so wörtlich – nach Hause gehen zu lassen. Es gibt eigentlich kein neues Bühnenstück, keinen Film, keine Ausstellung zeitgenössischer Kunst und kein Happening, die den Berichterstatter oder Rezensenten nicht zur tiefgründigen Feststellung veranlassen, hier werde wieder einmal *dem Bürger* die Absurdität, die Schalheit, die Erbärmlichkeit seines Daseins vor Augen geführt. Die Spätmarxisten aller Jahrgänge, von 15 bis über 80, fühlen sich im Kampf gegen das vereint, wofür seit weit über hundert Jahren das Wort „Bürger" steht.

Es ist schwer verständlich, wieso sich heute irgend jemand

einbilden kann, Avantgarde zu sein, wenn ihm nichts Besseres einfällt als „épater le bourgeois", ein doch recht antiquierter Schlachtruf. Wer, genaugenommen, ist denn dieser ewig sich gleichbleibende Bürger, den man aufscheuchen zu müssen glaubt? In Wirklichkeit sind doch die Lebensweise und die Mätzchen, mit denen die linke Boheme gegen den „Bürger" protestiert, seit über hundert Jahren fast unverändert geblieben, während der Lebens- und Arbeitsstil, die Auffassung von der Welt beim „Bürger" sich in den letzten hundert Jahren wesentlich stärker verändert haben. Wer erinnert uns mehr ans Jahr 1848: der bärtige Jüngling, der fürs Fernsehen artig das Fäustchen hebt und Marx zitiert, oder der Kybernetiker, der tagsüber am Computer einer Industrie arbeitet und in seiner Freizeit „bürgerlichen" Gewohnheiten frönt?

Der Haß auf die bürgerliche Leistungsgesellschaft und ihre Mittel ist recht heuchlerisch, weil ohne ihre Existenz für die jungen Anarchisten nicht einmal der Status „Gesellschaftsveränderer" zur Verfügung stände. Die Strukturen unserer Gesellschaft sind das Korsett all dieser Gemüter. *Gäbe es nicht Millionen Bürger, die verläßlich und unverdrossen ihre täglichen Aufgaben verrichten, so hätten die Strukturstürmer weder ein Feld noch Zeit für ihre Betätigung.* Ohne den auf Bürgertugenden ruhenden gelästerten Perfektionismus unserer Massenmedien wäre die heutige Anarchisten-Boheme überhaupt nicht allgemein sichtbar geworden.

Welche Eigenschaft verbindet man denn mit dem Spießbürger, mit dem unerfreulichen Bürger, den zu ärgern, den zu bekämpfen für Kunst und Geist eine so lohnende Aufgabe sein soll? Dieser Bürger im schlechten Sinne des Wortes wäre unaufrichtig, unpraktisch, unbeweglich, geldgierig, und er wäre in der Regel ein Mann, dem seit seinem 25. Lebensjahr nichts Neues mehr eingefallen ist. Man könnte leicht zeigen, daß es unter den offiziell bürgerfeindlichen Literaten der Gegenwart eine ganze Reihe gibt, auf deren Person alle oder die meisten dieser Eigenschaftsworte ebenfalls passen. Aber dieser Bürger, von dem sich eigentlich nur mit Sicherheit sagen läßt, daß er die Mehrheit heutiger Industriegesellschaften ausmacht, wurde früher, z. B. nach dem Ersten Weltkrieg, auch von Personen abgelehnt, die ihn abschätzig mit Werten wie dem des „Soldatischen", der militärischen Disziplin u. ä. verglichen. Wie kommt es eigentlich, daß heute Pazifisten und Apologeten des ungeordneten Lebens sich denselben Menschentyp als Gegner wählen, den disziplinbesessene Militaristen vor 40 Jahren ebenfalls in derselben Gesellschaft angreifen zu müssen glaubten?

Zwecks Züchtung und Aufheizung eines künstlichen Klassenkampfklimas wird seit einigen Jahren systematisch das Anklagewort „lohnabhängig" in die Umgangssprache eingeschleust. Fast keine Nummer des „Spiegel" oder „Stern", keine Woche in einem Programm des Fernsehens, kein progressives Taschenbuch, in dem nicht dieses Wort erscheint, mit der unverkennbaren Absicht, einer Wirtschaft und Gesellschaft ein schlechtes Gewissen zu suggerieren, weil es in ihr etwas so Beklagenswertes, so Unwürdiges und „Entfremdendes" wie Lohnabhängige gibt.

Irgendwie gilt es auf einmal als unerhörte Zumutung, daß man einen Lohn braucht, um zu leben oder sich auch – etwa als bei den Eltern wohnender Lehrling oder Student – so jung wie nie zuvor die aufwendigen Freizeitgüter der industriellen Marktwirtschaft kaufen zu können. Und daß es für diesen Lohn eine Arbeit zu leisten gilt. Und daß der Lohn nicht automatisch ewig weiter auf einen zukommt, wenn man mit der Arbeit aufhört. Erschreckend ist nicht so sehr diese merkwürdige Einstellung. Schließlich wissen die Spätmarxisten unter uns sehr genau, was sie damit erreichen wollen. Erschreckend ist vielmehr die – vielfach sicher auch gedanken- und bedenkenlose – Verbreitung und Stützung dieser Einstellung in manchen Massenmedien, in Schulbüchern und Taschenbüchern jeder Art.

Zunächst ist nicht einzusehen, weshalb *Lohn*abhängigkeit schlimmer sein soll als beispielsweise *Dividenden*abhängigkeit, wenn jemand auf diese angewiesen ist. Viele amerikanische Rentner, die zwischen 1950 und 1965 den größten Teil ihrer Altersversorgung auf Aktienwerte verlagert hatten, standen ab 1969, als die Dividenden plötzlich rapide schrumpften, in einer höchst prekären Lage. Und sie hatten so gut wie keine andere

Möglichkeit für ein Einkommen, während der lohnabhängige arbeitsfähige Mensch, dem der eine Lohn und die Stelle, wo er ihn verdient, nicht paßt, eine ganze Reihe von anderen Möglichkeiten wahrnehmen kann.

Daß fast jeder Mensch, genau betrachtet, bis zur Sekunde seines Todes stets von irgend jemand oder irgend etwas *abhängig* bleibt, daß wir immer der Gunst anderer oder der Gunst der Umstände, des Wetters, der Gezeiten usw. ausgeliefert bleiben, in jedem Beruf, bei jeder Tätigkeit zwecks Lebensunterhaltes, ist eine Urerfahrung unseres Daseins. Es gehört eine tüchtige Portion Unverschämtheit oder Borniertheit dazu, diese Entdeckung auf einmal als Hauptanklagepunkt einer Gesellschaftskritik aufzutischen.

Nun gut, wer nicht für Lohn arbeiten will – seine Höhe spielt für die Diffamierung des Lohnes heute fast keine Rolle mehr –, kann als nächstliegende Alternative sich selbständig machen oder es bleiben. Seit Jahrzehnten beobachtet man aber gerade in Nordamerika wie in Europa den umgekehrten Vorgang: immer weniger junge Menschen wollen einen Beruf als Selbständige ausüben, immer mehr drängen zum größtmöglichen Arbeitgeber, den sie finden können, seien es der Staat oder Riesenfirmen. Dieser Trend zur Lohnarbeit besteht aber selbst dort, wo der Staat, also der Steuerzahler über sein Parlament, großzügige Starthilfen und Subventionen für jene anbietet, die selbständig werden oder bleiben wollen.

Das bittere Los, ein *Kunden*abhängiger, ein Konjunktur- und Marktabhängiger zu werden, schreckt also offenbar die meisten unserer Mitmenschen. Sie ziehen es vor, *Lohn*abhängige zu sein. Und wie könnte es denn anders sein? Seit mehr als 100 Jahren hämmern gerade die mehr oder minder links gesinnten, die sozial besorgtesten Politiker und Journalisten jedem ein, seine soziale Sicherheit, die totale Absicherung gegen jedes Risiko, die absolut sichere Versorgung in jeder Eventualität sei der Ziele höchstes. Wer entgegen dieser Propagandaflut als junger Mensch heute noch den Mut findet, seinen Unterhalt mit individuellem Geschäftsrisiko zu suchen, befindet sich in einer Minderheit. Für diese bestehen nach wie vor in allen freien Ländern Marktlücken, in denen manche dann tatsächlich oft erstaunlich rasch große Erfolge erringen, ja manchen, die eine besonders schöne Marktlücke für eine unternehmerische Leistung entdeckt haben, scheinen sie fast mühelos zuzufallen. Als Quittung erhalten sie aber von derselben Propagandamaschine, die erstens das Los der Lohnabhängigen beklagt und zweitens die totale soziale Sicherheit als höchstes Lebensziel verkündet, drittens die hämische Diffamierung als Unternehmer, als Gewerbetreibender, der nur floriert, weil er „Lohnabhängige" „ausbeutet".

Das heißt: die einzige mit einer freien Gesellschaft vereinbare Alternative zur Lohnabhängigkeit wird uneingeschränkt verteufelt und durch schwebende oder angekündigte staatliche Eingriffe immer mehr abgewürgt. Was also diese systemverändernden Gesellschaftskritiker mit ihrer Abwertung der Lohnabhängigkeit einzig und allein als Alternative anstreben können, ist die ausnahmslose Lohnabhängigkeit aller von Staatsbetrieben in einem Staat mit einer einzigen Partei, beispielsweise wie in der DDR.

Gewiß, Lohnabhängigkeit wäre etwas Beklagenswertes, entweder, wenn der Arbeitsplatz, wo man den Lohn verdient, gefährdet und nicht durch einen anderen ersetzbar wäre, oder wenn es im Fall der eigenen Arbeitsunfähigkeit keine gesetzlichen oder vertraglichen Sicherungen gäbe. Lohnabhängigkeit wäre etwas Widerwärtiges, wenn die Lohnbemessung oder seine regelmäßige, fristgerechte Auszahlung völliger Willkür überlassen bliebe. Von all dem kann aber bei uns weniger die Rede sein als in irgendeinem anderen Land. Wirklich unerträglich wird Lohnabhängigkeit aber dort, wo sie die einzige legal mögliche Einkommensart ist und wo es von der richtigen politischen Gesinnung, vom richtigen politischen Verhalten abhängt, ob man den leistungsgerechten Lohn für die Arbeit, die man tun möchte, an dem Ort, an dem man wohnen möchte, erhält oder nicht. Genau dies ist, eigentlich braucht man es nicht zu sagen, nur der Fall in den kommunistischen oder sozialistischen Ländern von Ostdeutschland bis China.

Die für jeden greifbare, für jeden täglich erlebbare und deshalb kaum ernsthaft bestreitbare Freiheit eines jeden in den westlichen Demokratien ist angesichts der ebenso leicht demonstrierbaren Unfreiheit in zahllosen Belangen des täglichen Lebens im sozialistischen Osten für unsere Sozialisten unbequem. So suchen sie sich mit einem rhetorischen Trick aus der Schlinge östlicher Gefängnisstaaten zu ziehen: sie koppeln unsere Freiheit mit einem latent ohnehin vorhandenen schlechten Gewissen, sie unterstellen sozusagen ein Junktim zwischen Freiheit und „sozialer Unsicherheit" der Masse. Der aus seiner Sympathie für den Sozialismus als Endpahase gesellschaftlicher Veränderung kein Hehl machende Journalist Günter Gaus, zu jener Zeit noch Chefredakteur des „Spiegels", fragte in einem Fernsehinterview 1970 den Politiker Joachim Steffen:

„Was ist wichtiger für den Menschen, Freiheit in dem Sinne, wie es das kapitalistisch-parlamentarische System versteht, oder soziale Sicherheit?" Als schließe das eine das andere aus. Unterschlagen wurde, daß zuerst und gerade in den kapitalistisch-parlamentarischen Ländern seit 100 Jahren immer umfassendere, rechtlich verbindliche Systeme sozialer Sicherheit geschaffen wurden, die heute laufend ausgebaut werden. Selbst Steffen zögerte, und Gaus mußte einschränken, er rede von dem Menschen, „der ganz unten ist".

Zu ihrem Glück haben unzählige Menschen bisher nicht gewußt, was sie – laut Steffen – hätten wählen sollen. Sie zogen die unsichere Freiheit in der Ferne der sozialen Sicherheit in der Heimat vor. Arbeit und Versorgung besaßen ja zum Beispiel viele von denen, die aus dem kommunistischen Osten in den Westen flohen. Viele geben heute dort nicht nur soziale Sicherheit auf, sondern riskieren ihr Leben beim Weg in eine ungewisse Freiheit.

Aber auch schon jeder Gastarbeiter, bliebe er in seinem Dorf, hätte dort eine altbewährte „soziale Sicherheit". Er gibt sie auf und geht in Länder, wo er die Freiheit sucht, die eine volle Lohntüte ihm bietet. Er kommt nicht der Krankenkasse wegen.

Steffen und Gaus erklärten, unser westlicher Freiheitsbegriff sei an die Wohlhabenheit, an die politischen Privilegien der herrschenden Klassen gebunden gewesen und somit für alle anderen bloße Fiktion.

Wie aber ist dann zu erklären, daß in allen Ländern, wo dieser Freiheitsbegriff galt, oft schon vor über hundert Jahren, Millionen von Einwanderern, Flüchtlingen und Vertriebenen zu Wohlhabenheit und Selbstbestimmung gelangten? Sie brachten in diese Länder meist nicht viel mehr mit als die Kleidung auf dem Leib. Oft waren sie wirtschaftlich erfolgreich schon viele Jahre, ehe sie wählen durften. Wer auch nur einen kurzen ungetrübten Blick in die Geschichte der großen Wanderungen, freiwillige und unfreiwillige, der letzten Jahrzehnte wirft, sieht, daß die bisherige Freiheit im Westen auch denen nützte, die „ganz unten" waren. Für den Sozialisten hatten alle diese Menschen wohl einen Fehler: Sie wollten nicht unten bleiben und auf ihn warten.

# 3. Eskalations-Abstinenz

Die Ängstlichkeit, das Zaudern der meisten staatlichen Organe (oder jener, die ihre Hilfe verlangen müßten) angesichts jeder Art von provozierenden Delikten verdanken wir nicht zuletzt einem einzigen Wörtchen, das seit knapp zehn Jahren sein Unwesen treibt: die Eskalation, die man vermeiden müsse. Als z. B. im Februar 1973 in Heidelberg wieder einmal linksradikale Studenten und ihre Milieugenossen die Universität besetzten (was, von der Beeinträchtigung der Studienchancen anderer abgesehen, meist auch teure Sachschäden bedeutet), las man am 11. Februar in den Zeitungen: „Um eine *Eskalation* der Auseinandersetzungen zu vermeiden, ist bisher auf den Einsatz von Polizeikräften zum Schutz der Universität verzichtet worden."

Als aber Präsident Kennedy im September 1962 das Gelände der Universität von Mississippi mit über 20000 Fallschirmjägern für einige Wochen zudeckte, um für einen einzigen Studenten die Benutzung der Universität einem gewalttätigen Studentenmob gegenüber durchzusetzen, war die publizierte Weltmeinung, je linker desto mehr, hell begeistert. Damals zauderte und zeterte man nicht wegen der „Eskalation". Der Biograph der Kennedy-Administration, der Linksintellektuelle Th. Sorensen, schrieb später voller Genugtuung, daß diese totale Präsenz der Majestät der US-Regierung (wörtlich: majesty of government) das Problem ein für allemal gelöst hatte. Kein einziger Negerstudent mußte danach irgendwo in den USA durch Polizei oder Militär vor seinen Mitstudenten geschützt werden. Ein einziges Exempel der Entschlossenheit, dem Recht Geltung zu verschaffen, hatte genügt. Es stimmt also gar nicht, daß „Eskalation" und „Repression" grundsätzlich nichts befrieden könne.

Wie ist es aber zum heutigen Ritual der Eskalations-Abstinenz gekommen? Ein Escalator ist ursprünglich die Rolltreppe in einem amerikanischen Warenhaus. „Websters New International Dictionary", das maßgebende, ungekürzte Nachschlagewerk für die amerikanische Sprache, in der völlig neu bearbeiteten Ausgabe von 1961, kennt Eskalation, bezogen auf politische Konfrontationen, noch nicht. Eskalation wird dort illustriert als die Anpassung von Preisen an Materialkostensteigerung in einer periodischen und automatischen Weise. Geläufig war in den USA seit langem der Begriff escalator-Klausel für eine Abmachung mit Gewerkschaften, nach der die Löhne sich automatisch mit steigenden Lebenshaltungskosten erhöhen.

Erst Anfang der 60er Jahre taucht Eskalation im allgemeinen politischen Sprachgebrauch in seiner heutigen Bedeutung auf. Das ist das zweifelhafte Verdienst des amerikanischen Zukunftsforschers und „Denk-Tank-Impresarios" Herman Kahn. Die „Brockhaus-Enzyklopädie" (5. Band, 1968) dürfte eines der ersten Nachschlagewerke gewesen sein, das Eskalation bereits in der neuen Bedeutung definiert: „Ziel der Eskalation (die heute meist in unmittelbarem Zusammenhang mit der Atomstrategie gesehen werden muß) ist es, einem Gegner durch methodisch angelegte Steigerung oder Herabminderung des politischen, wirtschaftlichen, psychologischen und militärischen Drucks – unter Vermeidung eines atomar zu führenden Krieges – das Gesetz des Handelns aufzuzwingen (Kuba-Krise, Vietnam-Krieg)."

Ihre weltweite Popularität als Alibi-Begriff zum Zweck der Gesichtswahrung, wenn einem die Courage zum Sieg fehlt, erlangte die Eskalation unter Präsident Kennedy. Dessen Braintrust fand ihn geradezu ideal. Diese Faszination der Intellektuellen mit dem schillernden Begriff, wie man jetzt deutlicher sehen kann als Anfang der sechziger Jahre, hatte für die Vietnampolitik der USA fatale Folgen.

Auf jeden Fall kann von Eskalation nur dann sinnvollerweise die Rede sein, wenn beide sich gegenüberstehenden Gegner dank der technischen Entwicklung von Waffensystemen abhängig geworden sind, die an unkontrollierbarer Destruktivität einander ebenbürtig sind und deshalb im Grunde von keinem eingesetzt werden möchten. Hat aber der eine der beiden Gegner größere moralische Skrupel und mehr Angst vor der vermeintlichen Weltmeinung als der andere, wirkt sich die Doktrin der Eskalation meist zum Nachteil des ersten aus.

Würden unsere Innenminister, Politiker, Journalisten, Hochschulrektoren und Polizeipräsidenten die Begriffsgeschichte der Eskalation zur Kenntnis nehmen und durchdenken, müßten sie eigentlich begreifen, wie unzulässig komisch und jämmerlich es ist, wenn sie jungen Leuten gegenüber mit Eskalation und De-Eskalation operieren zu müssen glauben. Der Begriff gehört in einen völlig anderen Bereich der politischen Wirklichkeit. Sein Gebrauch am falschen Platz verschlimmert die groteske Situation, die dadurch entstanden ist, daß man sich zur eigenen Lähmung ein halbes Dutzend Neologismen hat suggerieren lassen. Ob linksradikale Trupps nun den Straßenbahnverkehr einer Großstadt oder eine Universität lahmlegen, regelmäßig wird den an sich zum Eingreifen verpflichteten Behörden das Tabuwort entgegengehalten: wagt ja nicht zu ,,eskalieren``, und schon zuckt man mit schlechtem Gewissen wieder zurück und läßt die Dinge vor sich hintreiben, als ob man mit dem Finger fünf Zentimeter vom Knopf ertappt worden wäre, der den Dritten Weltkrieg auslösen kann.

Umfunktionierung, Go-in, Teach-in, Sit-in, Repression, repressive Maßnahme, Establishment – all das sind Wortgranaten, offenbar gefüllt mit Nervengas. Der, dem sie entgegengeschleudert werden, tut zunächst garantiert nichts oder jedenfalls viel zu wenig. Er schämt sich, Establishment zu sein, fürchtet sich, als repressiv zu gelten, und findet im Strafgesetzbuch weder Umfunktionierung noch Go-in. Diese Worte täuschen vor, es handle sich um eigenartige tabuierte, neuartige, mit den üblichen Mitteln nicht korrigierbare Tatbestände.

Bei der Auseinandersetzung mit einem *nicht* atomar bewaffneten Gegner kündigt jeder, der von der Vermeidung der „Eskalation" faselt, lediglich seine Bereitschaft an, den kürzeren zu ziehen. Die radikalen Linken bei uns aber haben keine Atomwaffen. .

1970 hielt es der Gesetzgeber in Bonn für nötig, das Demonstrationsstrafrecht zu „liberalisieren". Es ging dabei um eine wesentliche Milderung der strafrechtlichen Bestimmungen über den Tatbestand des Landfriedensbruchs. Diesen verübte bis dahin jeder, der sich einer öffentlichen Zusammenrottung anschließt, wenn diese Menschenmenge dann gegen Personen oder Sachen gewalttätig wird. Der Tatbestand ist bereits mit der Teilnahme an einer solchen entartenden Demonstration erfüllt. Dabei hatte sich der Gesetzgeber einst etwas gedacht: es liegt nämlich in der Natur von Rottenhandlungen, daß einzelne oft nur deshalb den Mut zur Gewalttat finden, weil sie sich als Teil eines aggressiv gestimmten Kollektivs erleben. Außerdem ist es praktisch fast unmöglich, zwischen dem passiven und aktiven Teilnehmer gewalttätiger Mobaktionen deutlich zu unterscheiden.

Innerhalb weniger Jahre hatte die Zahl von Demonstrationen zugenommen, die in Gewalttätigkeiten oder Nötigung größerer Bevölkerungsteile übergingen. Diesem Wandel, so argumentierten einige, müsse man Rechnung tragen: es ginge nicht mehr, ein Gesetz aus Bismarcks Zeiten zu haben.

Könnte es sich nicht auch umgekehrt verhalten? War vielleicht das entsprechende Gesetz vor 100 Jahren „überdimensioniert", also viel strenger, als es *damals* zum Schutze der Rechtsgüter anderer nötig gewesen wäre? Was konnten ausartende Demonstrationen um 1870 schon an Schaden anrichten? Es gab keinen Kraftfahrzeugverkehr zur „rush hour", den man ins Chaos stürzen, keine Automobile, die man anzünden konnte. Die wenigsten Firmen waren so angestelltenfreundlich, daß sie durch riesige Glasscheiben Licht auf die Arbeitsplätze fallen ließen. Es gab auch keine Pendler im Berufsverkehr, die durch Blockierung eines Bahnhofs und der Zubringerlinien

Dutzende von Zügen versäumt hätten, die sie zum wohlverdienten Feierabend bringen sollten.

Auch der Schaden, den Nötigungen in der Maske von Demonstrationen im Getriebe der Wirtschaft anrichten konnten, war vor 100 Jahren weit geringer als heute. Müßte heute ein großes Wochenmagazin oder eine Illustrierte eine Nummer überspringen, weil gezielte Demonstrationen die Auslieferung blockierten, ginge der Schaden in die Millionen. Vor 100 Jahren gab es kaum ähnlich zeitgebundene Güter mit einer komplizierten und nicht beliebig verschiebbaren Verteilung.

Auf einigen Gebieten des täglichen Lebens hat der Gesetzgeber auf die Verdichtung der Gefahrenmomente ohne Bedenken mit Verschärfung der angedrohten Strafen und einer umfassend zugeschriebenen Verantwortlichkeit des einzelnen reagiert. Das Gesetz sucht damit bestimmte mutwillige oder leichtsinnige Verhaltensweisen zu unterbinden, die heute viel gefährlicher als früher und deshalb der Öffentlichkeit nicht mehr zumutbar sind. In erster Linie gilt dies im Bereich des Straßenverkehrs. Gerade das ist aber auch der Bereich, wo Demonstrationen stattfinden.

Wer es heute versäumt, vor jeder Fahrt das Profil seiner vier Reifen nachzumessen, riskiert, falls in einen Unfall verwickelt, finanziellen Ruin und Gefängnis. Nicht besser geht es dem Autofahrer, der seinen Wagen bei einer Panne auf einer Fahrbahn stehen läßt, ohne ihn durch genau vorgeschriebene Warnsignale zu sichern. Und welcher Pferdekutscher wäre wegen seines Blutalkoholspiegels je ins Gefängnis gekommen?

Jeder Autofahrer, der auch nur fahrlässig Schaden anrichtet, andere gefährdet oder mutwillig im Verkehr nötigt, sieht empfindlichen Strafen entgegen. Mit der neuen Bußgeldordnung kam sogar eine ,,Schnelljustiz'', die zu Löchern im Geldbeutel und damit zu einem Konsumverzicht führt, über die der Betroffene lange nachdenken wird. Nur so können angesichts der Verkehrsdichte jene Fahrer gezähmt werden, die unanständig oder unvorsichtig fahren. Der Besitzer eines Wagens, der ihn durch einen anderen fahren läßt, kann, falls ein Schaden durch diesen verursacht wird, ebenfalls zur Kasse gerufen werden.

Das moderne Gesetz ist aber nicht nur dem Straßenverkehrsteilnehmer gegenüber zunehmend kompromißloser geworden. Auch jeder, der heute Dienstleistungen oder Waren auf den Markt bringt, ist (besonders weitgehend z. B. in der amerikanischen Rechtsprechung) u. a. einer erweiterten Haftpflicht unterworfen, die sich vor 100 Jahren niemand hätte träumen lassen.

Rechtsprechung oder Gesetze machen den Firmeninhaber vielfach in einer Weise haftbar, als ob er allwissend und allmächtig zu jeder Minute hinter jedem Angestellten stehen könnte, um zu verhindern, daß eine defekte Ware einen Käufer erreicht, der sich oder anderen damit Schaden zufügt. Der heutige Gesetzgeber ist also bei der Zuschreibung von Mithaftung und Mitverantwortung keineswegs zimperlich. Wo technische und ökologische Veränderungen fahrlässiges oder mutwillig abweichendes Verhalten gefährlicher machen als früher, kann es der Gesetzgeber mit seiner „Modernität" und „Liberalität" vereinbaren, Strafen anzudrohen, die im 19. Jahrhundert übertrieben gewesen wären. Diese Entschlossenheit wäre aber auch gewalttätigen Demonstrationen gegenüber angemessen. Vor 100 Jahren wäre überdies eine zu Demonstrationen ermutigende Großzügigkeit der gesetzlichen Bestimmungen viel vertretbarer gewesen als heute, weil damals Minderheiten kaum eine andere Möglichkeit hatten, ihr Anliegen vor eine größere Öffentlichkeit zu bringen. Heute sind die Massenmedien aller Art, insbesondere das Fernsehen, nur zu begierig und bereitwillig, sich jeder Forderung, jedes Protestes, selbst der kleinsten und unpopulärsten Gruppe anzunehmen. Keine Minderheit kann glaubhaft machen, sie könne auf ihr Anliegen nur aufmerksam machen, indem sie um 17 Uhr den Verkehr vor dem Bahnhof einer Großstadt lahmlegt. Bei uns kann sie es aber wiederholt risikolos tun, weil keine Behörde mehr, aus Furcht vor Eskalation, es wagt, wirksam einzuschreiten.

Für manche Politiker, Macher der „veröffentlichten Meinung" und außerparlamentarische Hilfspolitiker könnten die seit 1970 vergrößerten Freiräume für Straßenschlachtspezialisten in unseren Großstädten allerdings auch noch eine tiefere Bedeutung haben. Wem es am Wahltag nützt, wenn viele Wähler, aus Angst vor Unruhen *nach* einem Wahlergebnis im Sinne ihrer Stimmabgabe, im letzten Augenblick an der Urne *entgegen* ihrer langfristigen Überzeugung *für das stimmen,* was solche Unruhen vertagt, muß daran gelegen sein, daß hin und wieder die Linke Kostproben ihrer Gewalttätigkeit geben darf – ohne sich zu sehr die Finger zu verbrennen.

# 4. Die Autoritäts-Allergie

Der Angriff auf angeblich unzureichend legitimierte Autoritätspositionen erfolgt heute zwar von Personen in sehr verschiedenen Lebenslagen, Altersstufen und Berufspositionen und ist manchmal auch berechtigt. Auffallenderweise erfolgt aber der kompromißlose, der totale, mit jedem Mittel arbeitende Angriff auf jegliche Autorität schlechthin gerade von solchen, die selber in einem praktisch autoritätsimmunen Raum schweben: nämlich jenen „akademischen" Gammlertypen, die, aus welchen Quellen auch immer, offenbar alle Mittel für den Unterhalt und ihre oft weitläufigen Operationen zur Verfügung haben, ohne sich irgend jemandem dafür verdingen zu müssen. Sie stehen auch in keinem ersichtlichen „Abhängigkeitsverhältnis" von ihren Lehrern, weil sie das ernsthafte Studium schon vor Jahren aufgegeben haben. Es sind also Menschen, die entweder so anspruchslos oder so gut ausgestattet sind, daß sie zumindest seit Verlassen der Schule von niemandem mehr sich hatten etwas sagen lassen müssen.

Künftig werden manche sogar schon eine Schule durchlaufen haben, die bereits frustrationslos, „demokratisiert" und „bagatellisiert" war, so daß sie nicht einmal in der Schule irgendeine fühlbare Autorität je erlebt haben. Bald läßt sich wohl für die meisten der entschiedensten Autoritäts- und Strukturstürmer der Gegenwart sagen, daß es Menschen sind, die selber überhaupt nie auch nur einigermaßen ernsthafte Erfahrungen mit irgendeiner Autorität gemacht haben.

Bei manchen dieser Autoritätsstürmer dürfte das Motiv des Neides mitspielen: Weil man ahnt, daß man selber unfähig ist, selbst einen Engel als Vorgesetzten zu ertragen, zugleich aber weiß, daß die Mehrzahl aller Menschen heute in der Berufswelt nur Erfolg haben kann, wenn sie sich zumindest anfänglich in der Position des Untergebenen zurechtfinden, sucht man mit allen Mitteln der spätmarxistischen, psychoanalytisch aufgeputzten Demagogie jegliches berufliche Abhängigkeitsverhältnis zu verteufeln und anderen zu verleiden.

Recht deutlich kommt dieses Motiv zutage, wenn radikale Studenten ohne Urabstimmung einen Vorlesungsstreik durchsetzen wollen. Das Vermeiden einer Urabstimmung unter den Studenten begründeten sie öfters schon damit, daß ja die meisten Studenten ihr Studium abschließen möchten, um dann egoistischerweise im Beruf Karriere zu machen; man könne also nie eine Mehrheit für einen Vorlesungsstreik unter Studenten finden, die sich bereits „an die Leistungsgesellschaft angepaßt" hätten.

In Wirklichkeit hat aber der allgemeine soziale Wandel in unserem Jahrhundert, verstärkt seit Kriegsende, eine Milderung, eine Entschärfung der meisten Berührungsmöglichkeiten mit „Autorität" ohnehin schon gebracht. Wir dürfen doch nicht jede „Humanisierung" zwischenmenschlicher Beziehungen, jede Entschärfung des Vorgesetzten-Untergebenen-Verhältnisses als Folge einer „Demokratisierung" und damit einer Politisierung auffassen und dann meinen, am einfachsten ließe sich die „total menschliche Gemeinschaft" erreichen, wenn man in einem gewaltigen politischen Akt, in einer sozialen Revolution zunächst sämtliche „Herrschaftsverhältnisse" aufhebt.

Vor kurzem lernte ich einen dreißigjährigen Engländer kennen, der nach eigenen Angaben aus einer extrem links stehenden Arbeiterfamilie stammt. Dieser junge Engländer hatte eine Schweizerin in einem englischen Kinderheim kennengelernt, geheiratet und war mit ihr in die Schweiz gezogen, wo er sich politisch nicht betätigen darf. Ich fragte ihn, ob ihm dieser Verzicht auf politische Wirksamkeit schwerfalle. Nun ja, er könne eben doch politisch im Sinne seiner Haltung tätig sein, indem er seine Untergebenen nicht als Untergebene, sondern als Mitarbeiter auffasse, also nie sage: „Tun Sie das", sondern nur sage: „Wenn Sie jetzt Zeit haben, wäre es nett, wenn Sie dies tun könnten." Auf diese Weise wirke er an einer „Bewußtseinsveränderung" der anderen mit, die am Ende auch Herrschaftsstrukturen abbauen werde.

Aber, so müssen wir jetzt fragen, ist diese egalitäre Verhaltensweise des 30jährigen linksengagierten Engländers, der in der Schweiz als Chef tätig ist, wirklich so direkt mit seiner politischen Grundhaltung verbunden, wie er selber glaubt? Ein jüngerer Universitätsprofessor in Österreich, der seine Assistentenzeit bei einem soeben 65 Jahre alt gewordenen Meister seines Faches in der Bundesrepublik verbracht hatte, rühmte im Gespräch kürzlich, wie nett dieser Ordinarius von Anfang an zu ihm, dem Assistenten, gewesen sei. Er habe ihn nie einfach zu sich gerufen, sondern beim Assistenten antelephoniert und gesagt: „Wenn es Ihre Zeit erlaubt, wäre ich Ihnen dankbar, wenn Sie herüberkommen könnten."

Nun weiß ich, daß die künftige Gesellschaft, die sich jener Professor vorstellt, und diejenige, welche sich der junge Engländer ersehnt, sehr verschieden sind. Es ist also sehr fraglich, ob die Humanisierung von Autoritätspositionen notwendigerweise eine Folge der Zukunftsvision ist. Es wäre sicher auch ein Fehlschluß, zu sagen: Ja, wenn alle Chefs sich bereits so benehmen würden wie die eben geschilderten, einander so ungleichen, dann gäbe es vielleicht gar keine „Autoritätskrise", kein Aufbegehren, keinen Anarchismus. Wie zuvorkommend, wie rangscheu der Vorgesetzte auch sein mag, es wird immer unzählige Situationen geben, in denen schon aus raumzeitlichen Sachzwängen die Entscheidungen, die Anordnungen weder einer Lotterie noch einem Rätesystem ausgeliefert werden können, sondern von *einer* Person mit Weisungsbefugnissen gefällt werden müssen. Die allgemein zu beobachtende Autoritäts-Allergie unserer Jugend sollte nicht achselzuckend oder ehrfürchtig hingenommen werden. Zumindest müssen wir ihre Ursachen genauer kennen.

Ein wesentlicher Grund für die zunehmende Unerträglichkeit vieler Autoritätsverhältnisse dürfte der immer größere und in immer kürzeren Zeitabständen fühl- und erlebbare *Kontrast* zwischen fast totaler Freiheit von jeder Autorität und ihrer unveränderlichen Gegenwart sein. Jeder Lehrling, jeder Student, jeder Angestellte kann heute, dank einer spottbilligen Ferienreise im Düsenflugzeug oder im eigenen Auto, innerhalb weniger Stunden von seinem Chef sich so weit entfernen, daß dieser nur mehr wie ein blasser Traum erscheint. Viele Jugendliche können sich buchstäblich um den halben Erdball herum zeitweise von allen Menschen absetzen, die ihnen irgend etwas zu sagen haben: Studenten können es bis zu drei und vier Monaten, andere nur drei oder vier Wochen lang. Fast jeder jedoch kann sich heute dank seiner Mobilität, und sei es nur übers Wochenende, das Erlebnis einer früher kaum denkbaren Unabhängigkeit verschaffen.

Auf der einen Seite ist also für weit mehr Menschen als je zuvor der ganze Erdball ein Spielplatz geworden; auf der anderen Seite aber bleibt irgendwo auf diesem Erdball für die meisten ein Anstellungsverhältnis, ein Ausbildungsplatz, eine Familie, durch die der Freizügigkeit Grenzen gesetzt sind. Am Ende muß man zurückkehren, um sich wieder etwas sagen lassen zu müssen. Es ist also das Erlebnis des fast überall als eigener Herr Hinkönnens getrübt durch das Erlebnis weiterbestehender Abhängigkeiten, wodurch sich mehr und mehr jüngere Menschen selbst frustrieren, eine Autoritätsallergie zulegen.

Hinzu kommt aber noch eine weitere Veränderung: Die Teilnahme praktisch wieder eines jeden heute an jedem nur irgendwie beachtlichen Ereignis durch das Fernsehen erzeugt die Illusion der Omnikompetenz. Wer jedem Astronauten, jedem Weltstar, jedem Staatsmann, jedem herzverpflanzenden Chirurgen hautnah bei der Arbeit zuschauen kann, täglich und ganz selbstverständlich, empfindet es allmählich als eine „Diskriminierung", als eine Zumutung, daß er zwar überall umsonst dabei sein kann – bei Staatsempfängen, Herzverpflanzung, Mondlandung, Sicherheitsratssitzung –, wie früher nur die wenigen Ebenbürtigen oder beinahe Ebenbürtigen, aber doch nicht überall mitreden kann.

Die oft zitierte Generationenkluft (generation gap), die „Frustrierung" der Jugend durch die Generation der Väter, ist existentiell und kausal allerdings nur zum kleinsten Teil mit einer bestimmten Phase unserer Industriegesellschaft, ihrer Berufe, Ausbildungsstrukturen und der Ungewißheit der persönlichen Zukunft im Nuklearwaffenzeitalter verknüpft. Wenn man sich nämlich die Gepflogenheiten bei Naturvölkern ansieht, z.B. in Ostafrika, zeigt sich, wie urtümlich, wie unabhängig von den Problemen und Strukturen einer Industriegesellschaft der Haß der Söhne auf den Vater, der noch nicht abdanken will, ist. Wenn dort ein Vater etwa 45 Jahre alt ist, fangen seine mannbar gewordenen Söhne an, um seine Hütte einen Ringelreihen zu tanzen, bei dem sie ähnlich hämische Parolen brüllen, wie linksradikale Studenten heutigen Professoren gegenüber. Wenn der alte Mann dies nicht mehr durchstehen zu können glaubt, bricht er seinen Speer entzwei und kommt, auch selbst gebrochen, aus der Hütte heraus. Damit hat er seinen älteren Söhnen die Möglichkeit geboten, selbst in die Altersgruppe der Krieger einzutreten.

Der Generationenkonflikt, die „Frustrierung" insbesondere der männlichen Jugendlichen durch das biologisch bedingte Vorhandensein der Väter, ist also auch eine allgemeinmenschliche, eine existentielle Gegebenheit mit durchaus archaischem Gepräge. Je primitiver, je ursprünglicher die Gesellschaft, desto grausamer spielt sich die Machtübergabe ab. Man könnte behaupten, die Milderung, die Zivilisierung dieses grundsätzlich vorgegebenen Generationenproblems in unseren abendländischen Gesellschaften und auch in anderen Hochkulturen, war ein mühsam errungener Fortschritt, die Voraussetzung für die Schaffung unserer komplexen wissenschaftlich-technischen Zivilisation, weil keine Kultur sehr weit kommen kann, in der die Autorität und der „Informationsvorsprung" der Älteren als undemokratisch bekämpft werden.

Die sogenannte Unruhe der Jugend in fast allen Ländern heute, unabhängig von politischen Grenzen, unabhängig auch von den Konzessionen der Älteren in den betreffenden Ländern, wird gerne als Beweis dafür angesehen, daß eben das „Establishment", die autoritären Strukturen, die „Herrschenden" überall gleich schlecht, gleich gegen alles Neue und Gute verschworen seien. Für manche Journalisten gab es 1968 keinen Unterschied zwischen den sowjetischen Panzern in Prag und dem Wasserwerfer der städtischen Polizei in einem westlichen Land: beides wird mit dem Modewort „Repression" bedacht. Man könnte aber auch so argumentieren: Gerade die zu beobachtende Unabhängigkeit der jugendlichen, und manchmal auch nicht so jugendlichen, gewalttätigen Proteste vom tatsächlichen sozialen Rahmen, in dem sie stattfinden und gegen den sie sich richten, ist ein Beweis für die endogene, psychogene, psychiatrisch und individualpsychologisch, auch entwicklungspsychologisch zu deutende Herkunft des Phänomens. Jedenfalls sind die Verhaltensweisen, die Schlagworte und die Vorbilder der Krawall-Jugend in der ganzen Welt in den 60er Jahren einander viel ähnlicher gewesen als die kulturellen und sozialen Einrichtungen, gegen die sie Sturm liefen.

Es gibt amerikanische Avantgarde-Colleges, an denen die Professoren fast genauso entmachtet sind wie schon seit viel längerer Zeit an südamerikanischen Universitäten, und doch fanden in diesen Institutionen Ende der 60er Jahre genauso erbitterte Aggressionen durch die Studenten statt wie an jenen deutschen Universitäten, bei denen man sich naiverweise ein Ende der Aggressionen von einer Umwandlung der Hochschulstruktur, wenn nicht gleich ins südamerikanische, so doch ins extrem-progressive Modell irgendeines amerikanischen privaten Experimentier-Colleges versprochen hat.

Die aufrührerischen Gruppen an amerikanischen Hochschulen seit etwa 1967, und in charakteristisch gleichbleibendem Maße gerade auch bei den Gewaltakten während des Studienjahres 1968/69, waren sehr oft Farbige. Während zweifellos ein Teil ihrer Aggressivität gegen den Hintergrund der allgemeinen farbigen Bürgerrechtsbewegung, ihrer Taktiken und Ziele verstanden werden muß, dürfte es sich bei den kollektiven Wutausbrüchen gerade jener jugendlichen Farbigen, die an prestigereiche Universitäten gekommen waren, die für die meisten ihrer weißen Mitbewerber verschlossen bleiben, um ein Sonderphänomen handeln. Man hat nämlich, etwa seit 1964/65 in zunehmendem Umfang, gerade von seiten der an sich bei der Zulassung ihrer Studenten sehr wählerischen Universitäten der USA aus schlechtem Gewissen systematisch, selbst in den Slums der Großstädte, Negerschüler gesucht und aufgespürt, die zwar in keiner Weise mit ihren schulischen Leistungen auch nur entfernt für die Zulassung in Frage gekommen wären, die aber überredet werden konnten, ein Hochschulstudium zu versuchen. In dem Glauben, die disproportionale Vertretung der Farbigen in der Studentenschaft auch der in keiner Weise rassisch diskriminierenden Universitäten außerhalb des Südens der USA sei durch Milieusperren, sei durch Unterprivilegierung der jugendlichen Farbigen verursacht, und in der Hoffnung, diese Lernhemmnisse, die Wissenslücken noch während der College-Jahre, also bei den 18- bis 23jährigen, durch gezielte Förderungsmaßnahmen ausgleichen zu können, war man bereit, Farbige als Studierende zuzulassen, die als Weiße auch nicht entfernt in Betracht gezogen worden wären. Diese gutgemeinten, aber naiven Versuche, Farbige mit einem oft durch Überredung aufgepropften akademischen Berufsziel, durch Preisgeben aller Zulassungstandards, die für andere gelten, in die Welt der Weißen als glückliche und leistungsfähige Mitbürger zu integrieren, hatten jedoch das entgegengesetzte Ergebnis. Man brachte die jugendlichen Farbigen in eine frustrierende und deshalb erbitternde, zur Verzweiflung, zum Nihilismus und Anarchismus führende Situation. Einerseits wußten sie, daß man ihnen im Leistungswettbewerb mit den weißen Kommilitonen goldene Brücken gebaut hatte, daß sie also nie wissen konnten, ob sie überhaupt etwas Vergleichbares zu leisten in der Lage sind. Die Begünstigung der farbigen Studenten bestand ja nicht nur bei den Aufnahmeprüfungen, sondern auch fortlaufend in der Bewertung ihrer Leistungen während des Studiums. Je offensichtlicher es also für diese farbigen Studenten wurde, daß sie sich in einer Pseudowelt bewegten, daß sie zwar vielleicht am Ende mit einem Diplom der Columbia University oder Stanford University in die richtige Welt entlassen werden würden, daß sie aber keineswegs *das* an Leistungsvermögen mitbringen würden, das von jedem anderen Inhaber eines solchen Diploms als selbstverständlich erwartet wird, verdichtete sich bei ihnen der Haß auf die Institution, die sie zur Illusion verführt, und auf die Gesellschaft, in der sie sich nicht auf dem bei ihnen von außen hochgezüchteten Anspruchsniveau bewähren zu können glaubten.

Analog zu dieser Erscheinung wäre anzunehmen, daß auch bei den Studenten-Unruhen in Frankreich, Italien und in der Bundesrepublik zum Teil bereits ähnliche psychologische Momente eine Rolle spielen. In beiden Ländern, etwa gleichzeitig mit den Erleichterungen der Zulassungsbedingungen für Farbige in Nordamerika, wurde im Zeichen einer falsch verstandenen „Chancengleichheit" bei der Verleihung der Reife bzw. der Zulassung zu den Hochschulen ein immer geringerer Maßstab angelegt. Heutige Studentenzahlen in Frankreich, in Italien und in der Bundesrepublik können nur dadurch erklärt werden, daß viele Studierende auf Grund von Leistungen die Zulassung erhalten haben, die vor zehn Jahren noch nicht ausgereicht hätten. Parallel dazu wurden durch die Überfüllung vieler Universitäten und Fächer die Studienbedingungen für alle ungünstiger, aber die Schäden dieser eingeengten Studienbedingungen waren bei den leistungsschwächeren Studenten erheblicher als bei denjenigen Studenten, die notfalls auch allein auf ihrem Zimmer mit Hilfe der Bücher ein erfolgreiches Studium absolvieren können.

Verschiedene Psychologen und Psychiater, vor allem amerikanische, haben den Amoklauf vieler Jugendlicher auch als eine Folge des „Identitätsverlustes" bzw. einer Suche nach Identität interpretiert. Man steht zwischen einer Familie, die sich, modischen Kinderpsychologen gehorchend, nicht mehr getraute, prägend zu wirken, und einer Welt, die eine unüberschaubare Vielfalt von „Selbstverwirklichungsmöglichkeiten" anbietet: soll man Entwicklungshelfer werden oder soll man Rauschgift probieren, um sich „relevant" vorzukommen?

Als Kinder und Jugendliche wurden sie immer weniger vorbereitet auf das Ertragen, das Akzeptieren der leisesten und selbstverständlichsten gesellschaftlichen Zwänge. In allen Demokratien hat sich zudem in den letzten zehn Jahren eine Enttabuisierung, eine Befreiung von jeglicher Zensur durch bisher fast selbstverständliche Normen sittlicher Art ereignet. Das Ausmaß läßt sich erkennen, wenn man daran denkt, was sexuell in Film, Theater und Literatur bis etwa 1960 *nicht* möglich war. Weil in Form sexueller Provokation und auf dem Gebiet politischer Häresie alles erlaubt ist, weil die extremste Publikumsbeschimpfung durch die Empfänger von Staatspreisen noch bewundert wird, ist es für manche Gemüter schwer, festzustellen, ob sie überhaupt in einer Wirklichkeit leben oder nur in einer Traumwelt. Die Frage von Descartes, woher ich denn wisse, daß ich lebe und nicht nur träume, ist nach wie vor aktuell. Im 19. Jahrhundert haben Philosophen darauf geantwortet, es gebe im Grunde keinen anderen Beweis für die mich umgebende Wirklichkeit als den gelegentlichen Zusammenstoß zwischen meinem Kopf und einer Wand oder einem Baum. Vermutlich sind es nun diese Wände und Bäume, die unseren heutigen jungen Strukturstürmern in der sozialen Wirklichkeit fehlen. Erst absurde, selbst elementarste und universellste menschliche Normen verletzende Akte lösen die insgeheim erwünschte „Repression" aus. Sie beweist diesen Gemütern zweierlei: die Welt ist wirklich, nicht nur ein Traum, und sie ist schlecht.

Zu allen Zeiten wird es eine kleine Minderheit von Jugendlichen geben, die, zur Selbstbestätigung, symbolisch den eigenen Vater erschlagen müssen. Der wirkliche Vater aber, falls modern, weicht dem Ungestümen aus und „frustriert" den ersehnten Bruch mit Eklat. So bleibt den kleinen Ödipussen unserer Gegenwart, um sich emanzipiert zu fühlen, nur das Spucken auf die eigene Staatsspitze, sei sie im Weißen Haus oder noch in einem Palast, die Lossage von der ganzen Gesellschaft, in der man aufgewachsen ist.

Früher genügte die dramatische Lossage von der Familie, der Bruch mit den Eltern. Eine Mesalliance, ein fortgeworfenes Studium taten es, um sich als Mann zu erweisen. Mehr und mehr hat sich aber in den westlichen Gesellschaften die allgemeine Einschätzung des Bandes zwischen Kind und Eltern so verändert, daß man mit der Verdammung des Elternhauses weder sich noch anderen, am allerwenigsten der öffentlichen Meinung imponieren kann. In dem Maße also, in dem in der veröffentlichten Meinung die Sinngestalt der Familie unscharf wurde, brauchte der junge Mensch, dessen seelische Nöte die Gelegenheit zur Absage an eine Gruppe erforderten, eine Gruppe, der gegenüber die Gesellschaft offiziell noch Loyalität erwartet. Als Ersatz fürs so leicht aufgebbare Elternhaus bietet sich dem modernen Rebellen allein die eigene Nation an.

In früheren Jahrhunderten konnte sie diese Funktion für ihn nicht übernehmen, weil es vor dem Durchbruch des Nationalismus nicht ungewöhnlich war, wenn man Fahne, Herzog oder König wechselte. Ironischerweise hat also erst der Nationalismus der Großgesellschaft, die eigene Nation mit einem solchen Vorrecht auf Loyalität versehen, daß ihre demonstrative Verstoßung dem jugendlichen Intellektuellen oder dem nicht mehr ganz so jungen Filmstar das Gefühl einer verruchten und doch dem Weltgeist irgendwie gefälligen – weil „emanzipatorischen" – Tat bietet.

Die jugendlichen Geister, denen es seit etwa 1965 Freude bereitet, die eigene Regierung durch die Umarmung Nordvietnams, vorher Castros in Verlegenheit zu bringen, spielen wohl in vielen Fällen nur ein persönliches Psychodrama, zu dem vor hundertfünfzig Jahren noch das Elternhaus als Bühne genügt hätte. Es wäre irr, Maßstäbe für die Beurteilung des Weltgeschehens von solchen zu nehmen, die sich vor allem deshalb getrieben fühlen, ihr Land, die eigene Gesellschaft oder Nation abzulehnen, weil es in der eigenen Familie keine Gebote mehr gibt, deren Übertretung, keine Bande, deren Zerreißen einen zum „Erwachsenen" stempeln konnten.

# 5. Strukturstürmer und Systemsprenger

Bei uns könne man nur „systemkonforme" Zeitschriften, keine wirklich linken kaufen, klagte ein linker Verleger kürzlich in einer öffentlichen Diskussion. Ich fragte ihn, wie links eine Zeitschrift eigentlich sein müsse, damit sie für ihn diesen Namen verdiene. Halte er *Konkret* etwa für systemkonform? Seine Antwort, vom Publikum mit Gelächter quittiert, lautete: Ja, *konkret* sei tatsächlich systemkonform, weil sie vor einiger Zeit Tips gegeben habe, wie und wo Linksintellektuelle ihr Geld am besten anlegen könnten.

Wie systemfremd muß dann etwas sein, damit es unseren Linken nicht mehr als systemerhaltend gilt? Für sie ist „System" offenbar schon alles, was dem einzelnen erlaubt, irgend etwas über den Augenblick hinaus aufzuheben und zu wissen, daß er es später wiederbekommen wird. Die dadurch dem einzelnen gebotene Freiheit paßt eben nicht zum Plan der Systemveränderer.

Die linke Lieblingsphrase vom bösen System ist schon deswegen unsinnig, weil sie unterstellt, es gäbe nur ein einziges System. Mit seiner Abschaffung sei es getan. Niemand hat aber bisher gesagt, wo dieses System anfängt und wo es aufhört; wo es das Individuum einengt und wo es uns trägt oder entlastet. In Wirklichkeit leben wir nämlich in einer Welt, die aus zahlreichen Systemen besteht, aber auch aus vielen Inhalten, die überhaupt nicht die Eigenschaften von Systemen haben. Diese Inhalte können für uns auch sehr wichtig sein, und auch sie lassen sich meist nicht ohne weiteres beiseite schieben. Je nachdem, was alles wir System nennen wollen, sind wir von Hunderten oder von Millionen von Systemen umgeben. Jede einzelne Familie, jede Sippe ist dank ihrer einmaligen Erfahrungen und Eigenheiten ein System für sich, aber auch jeder Betrieb, jede Praxis eines Arztes, jedes Büro eines Architekten, jede Schulklasse.

Ich kann aus einem grobmaschigen Gitter, angefertigt aus Holzlatten, eine Sandburg herauswachsen lassen. Drehe ich dieses Gitter auch nur einige Zentimeter um seine Achse, so kann niemand mehr erkennen, daß es sich um eine Burg gehandelt hat. Diesem Gitter entsprechen die Strukturen eines Systems. Ich kann mir auch die Felder eines Schachspiels als Felder eines Gitters vorstellen. Drehe ich dieses Gitter und verschiebe alle Figuren, so ist das dynamische System, das Schachspiel im Ablauf des Spielens, zerstört, obwohl im Augenblick der Zerstörung niemand hätte voraussagen können, zu welchem Ende dieses Spiel gekommen wäre.

Nun ist nicht alles in der Welt, was für uns wichtig ist, in solche Gitter eingebettet. Vieles ist für jeden von uns irgendwann einmal bedeutsam, gerade weil es zu keinem System gehört. So ist für jeden, der eine neue Ware oder Dienstleistung auf den Markt bringt, die Menge der potentiellen Kunden ausschlaggebend für Erfolg oder Mißerfolg. Ein System stellen diese künftigen Kunden in der Regel nicht dar. Wären sie nämlich bereits eines, so wären die Chancen, sie für sich zu gewinnen, äußerst gering.

Für jeden jungen Mann, der eine Braut sucht, sind alle hübschen Mädchen einer bestimmten Altersklasse von Bedeutung. Ein System stellen diese Mädchen aber nicht dar. Unter Systemzwang bei der Brautwahl standen (und stehen zum Teil heute noch) nur Angehörige von Adelsdynastien. Der Kronprinz konnte nur unter wenigen Mädchen freien und mußte dabei noch zahlreiche Querverbindungen im dynastischen System Europas berücksichtigen.

Die wirkliche Welt birgt aber nicht nur vieles für uns Bedeutsame ohne Systemcharakter, sie enthält auch viele Systeme, die für uns völlig harm- und zwanglos sind. Die Bücher einer Bibliothek stehen dort nach einem System. Ohne dieses fände niemand, was er sucht. Aber dieses System zwingt niemanden, die Bücher in einer bestimmten Reihenfolge zu entleihen oder zu lesen oder sich überhaupt welche zu holen. Was für eines dieser vielen Systeme in unserer Welt sich ohne Schaden und oft recht leicht ändern läßt, kann für andere Systeme tödlich sein: private und öffentliche Betriebe können zur gleitenden Arbeitszeit übergehen, also die Starrheit der täglichen und wöchentlichen Zeitfelder für den einzelnen aufgeben; aber die Bundesbahn kann nicht die gleitende Abfahrtszeit einführen. Wir sind in manchen Fällen auf die Starrheit des Systems angewiesen, wenn es uns nützen soll.

Bei einigen, für jeden von uns äußerst wichtigen Systemen hängen wir aber auch gerade von der Systemkonformität aller anderen ab: bei einem System, das den Straßenverkehr erlaubt und regelt, begreift das sogar der systemunwilligste Linke noch. Bei anderen Systemen in unserer sozialen Wirklichkeit muß man etwas nachdenken, ehe man sieht, wohin schwindende Systemkonformität führen würde. So hat sich der Begriff „System sozialer Sicherheit" für die vielfältigen, rechtlich abgesicherten Ansprüche eingebürgert, die der einzelne Arbeitnehmer auf Unterstützungen, Renten und ähnliche Leistungen hat, wenn er Unfälle erleidet, arbeitsunfähig wird oder ein bestimmtes Alter erreicht hat. Dieses System rechnet bei seinen Zusagen an die heute Werktätigen damit, daß auch noch in dreißig und vierzig Jahren ab heute eine ausreichende Zahl von jüngeren Menschen in der Wirtschaft arbeiten werden, die so leistungswillig sind, daß die Versorgungsansprüche der heute Arbeitenden erfüllt werden können. Gelänge es beispielsweise den linken Systemgegnern, die Systemanpassung und somit Leistungsbereitschaft durch eine unbestimmbare „Emanzipation des Bewußtseins" ersetzen möchten, auch nur bei 20 Prozent der nachrückenden Generation – die sie zwischen Kindergarten und Hochschule beeinflussen wollen –, einen bleibenden Widerwillen gegen Leistung im Beruf zu erzeugen, so raubten sie den heute Arbeitenden die Sicherheit im Alter.

Wir sollten weniger von System, von Systemveränderung oder Systemüberwindung sprechen – und damit auch die „Systemveränderer" zwingen, konkreter zu werden. Je nach Verständnis- und Gemütslage des Betrachters verdecken nämlich Begriffe wie „Systemveränderung" die Wirklichkeit. Dabei kommt es sowohl zur Verharmlosung als auch zur Überschätzung tatsächlicher Vorgänge und Ziele.

Die gedankenlose Übernahme nichtssagender oder äußerst abstrakter Begriffe, die der politische Gegner verwendet, in die eigene Sprache, wenn es um die Auseinandersetzung mit ihm geht, ist falsch. Wenn beispielsweise heute bei uns eine politische Partei auf den Gedanken käme, die „Vernichtung lebensunwerten Lebens", wie es im Dritten Reich hieß, zu propagieren, aber, gewitzt, grundsätzlich nur von Euthanasie spräche, wäre es falsch, nur diesen Begriff in der Bekämpfung dieser Partei zu verwenden, obwohl er als ethisch-medizinischer Begriff üblich ist.

Sobald wir Begriffe wie „Systemveränderung" oder „systemimmanent" übernehmen, gestehen wir unter anderem dem Gegner bereits zu, daß es ein geschlossenes Gesamtsystem gäbe, das er nur in den Griff zu kriegen habe, um eine Welt vollkommener sozialer Gerechtigkeit zu schaffen. Leider haben manche Soziologen, gerade auch solche, die selber keineswegs links sind, nur aus Eitelkeit ihrem Fach zuliebe das Märchen vom sozialen System in die Welt gesetzt, in dem alles irgendwie zusammenpasse.

Die Gesellschaftskritik klagt über den „verwalteten" Menschen: entmündigt, verplant, entfremdet. In Wirklichkeit muß man aber mindestens drei gleichzeitige Tendenzen unterscheiden: vom Staat werden wir, je nach Daseinsbereich, sowohl zuviel wie zuwenig verwaltet. Den vermutlich größeren Teil unseres Lebens lassen wir freiwillig von nichtstaatlichen Einrichtungen verwalten, weil wir uns dadurch entlasten. Das Wort „verwaltet" muß nicht immer sofort Besorgnis erregen. Wir sprechen auch in einem positiven Sinn von „Verwaltung". Jemand verwaltet gut und treu: die Güter oder den literarischen Nachlaß eines anderen. Hier ist die Verwaltung von Angelegenheiten eines anderen begrüßens- und ehrenwert. Man vertraut einander. Die Klage über die zunehmende „Verwaltetheit" des heutigen Menschen übersieht, daß nicht jede Fremdsteuerung unserer Zeit, unseres Tun und Lassens als Minderung unserer Persönlichkeit erlebt werden muß. Wir werden nicht allein durch gezielte, unfreiwillig an uns sich auswirkende staatliche Akte „verwaltet", sondern oft genug auch durch unsere freiwillige Teilnahme an gesellschaftlichen und wirtschaftlichen Vorgängen. Die Benutzung öffentlicher Verkehrsmittel (Bus, Bahn, Jet) bringt eine Fremdverwaltung meiner persönlichen Zeit. Dazu kommt es sogar bei der Benutzung öffentlicher Straßen: man nimmt etwa Rücksicht auf die Termine von Schulferien.

In jeder Verwaltung unserer Bewegungen in Raum und Zeit durch andere steckt eben auch die Möglichkeit einer Entlastung. Würden sich sonst so viele Urlauber und die meisten Reisenden zu Studienzwecken von den Touristikunternehmen verwalten lassen? Aber auch in anderen Bereichen unseres Lebens lassen wir uns freiwillig zunehmend „verwalten". Versicherungsbeiträge, Rechnungen der städtischen Versorgungswerke, Postgebühren, Abonnements usw. werden durch Abbuchungen erledigt, die ohne unser Zutun stattfinden. Der Inhaber einer Kreditkarte überantwortet u.U. wesentliche Teile seines privaten und beruflichen Lebens einer fernen Bürokratie und ihrem Computer. Von all dem abgesehen, gibt es natürlich staatliche Verwaltungsakte, die von den Betroffenen als überflüssig, irrational oder überdimensioniert empfunden werden. Dabei hat man noch viel zuwenig beachtet und diskutiert, daß gleichzeitig ein Rückzug der staatlichen Verwaltung aus unserem Leben und ein neuer Vorstoß stattfinden. Es läßt sich nämlich in den letzten Jahren eine erstaunliche Entwicklung beobachten. Manche Vorgänge, die früher recht privat waren, werden krampfhaft in den gesellschaftlichen und damit politisierbaren Raum hineingestellt, und andere Vorgänge wieder, die bis jetzt als gesellschaftlich relevant und damit politisch kontrollierbar galten, werden zur selben Zeit aus der „Gesellschaft" ausgeklammert. Vor einigen Jahren meinte ein Hygieniker, es sei gut, daß wir im letzten Jahrhundert noch die Zwangsimpfung gegen die Pocken eingeführt hätten, heute würde man durch kein Parlament mehr irgendeine obligatorische Schutzimpfung oder Immunisierung gegen eine Infektionskrankheit bekommen, dies sei „politisch unmöglich geworden". Wir haben also einerseits die Abneigung, den optimalen Seuchenschutz gesellschaftspolitisch durchsetzbar zu erklären, andererseits aber z. B. einen Trend zur totalen obligatorischen Beschulung (Pflichtvorschule) der Kinder auch ohne Elterneinwilligung. Wir sehen also, daß verschiedene Dinge, die man gesellschaftspolitisch betrachten kann, teils auf dem Weg sind, aus dem Einflußbereich des Gesetzgebers, des Politikers sich zu entfernen, andere wieder rücken in ihn hinein. Einen inneren Zusammenhang, eine Logik, weshalb das eine entpolitisiert und das andere politisiert werden muß, gibt es nicht.

Heute läßt sich eine paradoxe Einstellung gerade bei solchen beobachten, die sich besonders intensiv mit der Gesellschaftswissenschaft zu befassen vorgeben. Sie wollen überhaupt nicht mehr wissen, wie es in allen bisherigen Gesellschaften gelungen ist, jeweils die neue Generation zu sozialisieren, also zu einigermaßen angepaßten und funktionsfähigen Mitgliedern der betreffenden Gesellschaft und ihrer Kultur zu machen. Je näher sich nämlich diese jungen Gemüter die Grundprozesse ansehen, dank deren es allein, über längere Zeiträume hinweg, existierende Gesellschaften geben konnte, desto mehr schaudern sie entrüstet zurück vor dieser unanständigen „Manipulation" des einzelnen durch sein soziales System. Dieses könne sich immer nur selbst reproduzieren und erlaube nur geringe evolutionäre Neuerungen im Laufe der Zeit. So wird selbst unsere Sprache als „unmenschlicher Systemzwang" verdächtigt und abgelehnt, weil jeder, der sie sprechen lernt, damit bereits der bisherigen Gesellschaft verfallen sei. Im Herbst 1969 z. B., in einer Sendung zur Buchmesse, ließ das Fernsehen zwei Autoren, die es offenbar für repräsentativ hielt, aus ihren Werken vorlesen. Aus stoppelumrandetem Munde, über Rollkragenpullovern, erfuhren wir, was diese Geister aus ihrer jüngsten Arbeit für mitteilenswert halten: daß sie nämlich jeden Morgen weinend an den Schreibtisch gehen, voll Widerwillen, weil sie wieder das Manipulationsinstrument ihrer verhaßten Gesellschaft benutzen müssen, die Sprache. Jeden Morgen, vor dem weißen Blatt Papier, fühlen sie sich den „Herrschenden" ausgeliefert. Jeder niedergeschriebene Satz, wie provokativ auch immer, sei letztlich ein Kompromiß mit der bestehenden Gesellschaft.

Es wird vielleicht bald junge Leute geben, die, bildlich gesprochen, mit den Fingern in den Ohren in der Schule sitzen und wie spätantike griechische Skeptiker auf eine Frage nur mehr mit dem Finger wackeln, aus Angst, sich sonst durch Benutzung unserer Sprache bereits den Verbindlichkeiten der bisherigen Gesellschaft auszuliefern. Man will sich für die Parthenogenese der künftigen Gesellschaft rein erhalten, indem man alles vermeidet, was sich in bisherigen Gesellschaften an Prägungsinstrumenten im Laufe der Menschwerdung entwickelt hat. Konsequent ist dieser utopische Ansatz. Es ist die einzige Möglichkeit, die soziale Utopie zu verwirklichen. Diese jungen Leute haben an alles gedacht, was sie vermeiden müssen, um die künftige Gesellschaft durch ihre heutigen Vorstufen nicht mehr zu beflecken. Nur eines haben sie mir bis jetzt nie erklären können – wie nämlich der Sprung vor sich gehen und wie die künftige Gesellschaft aussehen soll. Mir kommen deshalb diese entschlossenen Jünger der Sozialutopie so vor wie Baron von Münchhausen. Sie wollen sich am eigenen Zopf samt Pferd aus dem Sumpf der jetzigen Gesellschaft ziehen, nur mit einem Unterschied zu Baron von Münchhausen. Dieser ließ den Zopf, mit dem er sich herauszog, noch an seinem Kopf sitzen, sie schneiden den ihren ab. Übrigens: wie haben es eigentlich alle bisherigen Emanzipatoren des Menschen angestellt, das Bewußtsein und damit die Gesellschaft zu verändern? Descartes, Kant, Voltaire, Nietzsche, Freud, Darwin, Einstein oder Gandhi: sie alle schrieben in der Sprache der „Herrschenden" und konnten doch, ohne Verrenkungen, ohne stilisierten Ekel an dem, was sie überhaupt erst zu Menschen gemacht hatte, neue Welten öffnen. Ungezählte Menschen konnten mit der normalen Sprache ihrer Väter zu erfolgreichen Freiheitskämpfen aufgerufen werden.

Und ist dies vielleicht der wahre Grund, weshalb die spätmarxistische „Emanzipationspädagogik" bei uns jetzt die normale, an bedeutenden früheren literarischen Vorbildern geschulte Hochsprache, das gebildete Hochdeutsch aus dem Schulunterricht verdrängen will? Verfolgen neue „Lernziel"-pläne wie die vom Hessischen Kultusminister 1972/73 vorgelegten Rahmenrichtlinien, etwa zum Deutschunterricht (Sekundarstufe I), getarnt durch das Modewort Emanzipation und durch einen unbewiesenen Klassengegensatz bei Gebrauch und Erlernen der Sprache, im Grunde die Heranzüchtung von Sprachkrüppeln? Von jungen Menschen, deren sprachliche und geistige Fähigkeiten eben gerade nicht mehr zum Ausbruch aus der künftigen sozialistischen Erziehungsdiktatur ausreichen, weil ihnen eine verkümmerte, traditionslose Scheinsprache aufgepfropft wurde, eine Sprache also, die absichtlich zu dem nicht mehr langt, was bis heute in Jahrtausenden unserer Kulturgeschichte an individueller Emanzipation möglich gewesen ist, mit einer jeweils herkömmlichen, an anspruchsvollen Werken geschulten Sprache der jeweiligen Eliten einer Zeit?

Gewiß, jede Sprache zwingt uns in eine gewisse *Disziplin,* erlaubt uns aber auch in einer bestimmten Umwelt zurechtzukommen. So würden wir im Raum-Zeit-Netz der Industriegesellschaft und ihrer Verkehrsmittel rasch stranden, wenn wir nur die Zeitformen mancher Naturvölker hätten.

Möglicherweise zwingt die Sprache uns in ein System, das soziale Strukturen aufweist, die für uns manchmal unangenehm sind. Bestimmte Begriffe für Prozesse und Strukturen in der *sozialen* Wirklichkeit könnten aber auch als Denkformen die Voraussetzung für unsere Erkenntnis, für Hypothesen- und Theorienbildung bei der naturwissenschaftlichen Erforschung der außermenschlichen Wirklichkeit gewesen sein. Manche Begriffe und Modelle der Biologen, insbesondere der Genetiker, der Virologen und Embryologen konnten nämlich als gedankliche Konstruktionen nur einem erkennenden Wesen gelingen, das sich zuvor selbst über die Funktionszusammenhänge seines gesellschaftlichen Daseins Gedanken gemacht hat. Es kann in irgendeinem Forschungsbericht z.B. heißen, die im

Zellkern gebildeten Erbfaktoren und bestimmte Erbfaktoren im den Kern umgebenden Zellkörper übermitteln ihre „Produktionsbefehle in Form verschlüsselter Botschaften an die im Zytoplasma gelegenen Eiweißfabriken der Zelle". Fast jedes dieser Worte spiegelt unsere „autoritäre" Industriegesellschaft. Beispielsweise die Begriffe: „Produktionsbefehle" und „verschlüsselte Botschaften". Der „Bote" bestimmte nicht mit, ob und was er übermitteln will. Die biologische Hilfskonstruktion „Verschlüsselung von Botschaften" konnte doch nur einem Wesen einfallen, in dessen gesellschaftlichem Erfahrungsbereich Chiffrieren und Dechiffrieren bereits eine Rolle gespielt haben.

Ebenso ist die in der Sprache der Genetiker, der Biochemiker so häufige Begriffswahl „Übermittlung von Produktionsbefehlen" – ein wichtiger Schlüssel zum Verständnis biologischer Vorgänge – nur für Menschen vollziehbar, die in einer nach Funktion und Autorität geschichteten Gesellschaft zu Hause sind. Wer sich noch nie aus dem heute vielfach ersehnten Zustand einer völlig egalitären, autoritätslosen „Urgemeinde" gelöst hat, dem wären die wesentlichsten Erklärungsmodelle für biologische Vorgänge für immer unzugänglich.

„Wissensvorsprung" und Weisungsbefugnis, diese Ärgernisse für ungestüme Zeitgenossen, gibt es eben schon unter den kleinsten Bausteinen unseres Körpers und der anderen Lebewesen. Auch aus diesem Grund dürften sie sich kaum je aus unserem sozialen Leben entfernen lassen.

# 6. Die Lust am schlechten Gewissen

Nicht selten hört man einen schuldbewußt wohlwollenden Kommentar über die Totalnegation junger Menschen, der ihren Standardvorwurf zitiert: „Wir, die Zwanzig- bis Fünfundzwanzigjährigen, wir haben die Welt, wie sie ist, nicht gemacht und nicht gewollt. Sie ist abscheulich. Ihr, die Älteren, seid dafür verantwortlich. Ihr könnt deshalb nicht erwarten, daß wir uns an Spielregeln und Normen halten, die früher gegolten haben, die aber auch die Welt, wie wir sie vorfinden, ermöglichten." Diese Rhetorik ist nicht neu. Es gab sie auch schon zwischen den Kriegen. Vielleicht auch schon früher, nur nahm man damals das Argument nicht so ernst. Es ist nämlich absurd – aber, wenn man die Absurdität erst einmal gelten läßt, unwiderlegbar.

So wie die biologischen Gegebenheiten der menschlichen Natur sind, *werden Fünfzehn- bis Fünfundzwanzigjährige nie die Welt, in der sie sich mit 25 entdecken, selbst gemacht haben.* Noch haben ihre Eltern sie in diesem Sinne „gemacht". Das, was zu einer beliebigen Zeit in der Gesellschaft, auf internationaler Ebene, in der Wirtschaft oder Kultur den einen oder anderen mit Ekel, Schuldgefühl oder Nihilismus erfüllt, ist fast ausnahmslos das Resultat von Vorgängen, Entwicklungen und Triebkräften, die immer bereits mit Menschen verknüpft waren, die längst durch den Tod der Anklagbarkeit durch die jungen Leute einer jeweiligen Gegenwart entzogen wurden.

*Keine „Welt" wurde gestern, sie wurde auch nicht vorgestern gemacht.* Wogegen sich die zornigen Totalreformer heute aufbäumen, ist nicht der eine oder andere Teilaspekt unserer gesellschaftlichen Existenz, den die eine oder andere Entscheidung, Erfindung oder das eine oder andere Versäumnis während der letzten dreißig oder fünfzig Jahre verursachten. Wogegen sie sich aufbäumen, ist der Mensch an sich in seiner Selbstdokumentation, in ihnen selbst. *Weil sie nicht so sein wollen, wie sie sind, soll sich die Gesellschaft total verändern!* Schließlich ist jeder Mensch, also auch unser Anarchist, zu einem großen Teil seiner Person ein Ergebnis des Formungsprozesses seiner eigenen Gesellschaft – ob er nun primär diese oder ehrlicherweise sich selbst ablehnt, kommt auf dasselbe hinaus.

Nur kann keiner im Alter von 25 hoffen, er könne die Prägung seines Wesens durch seine Gesellschaft ungeschehen machen, indem er diese einem totalen Revolutionsbad unterzieht. Auf den Trümmern ihrer Institutionen fände er sich selbst, wie er war, und nur um eine Freude ärmer: die Schadenfreude, die ihm ja nur so lange das Herz wärmte, als er noch Gegner hatte, denen er die Zukunft abzuschneiden suchte. Die abgrundtiefe Traurigkeit käme nach der „geglückten" Revolution.

Woher rührt der Lebensüberdruß, zugleich aber die Verachtung des Menschen in seinen bisherigen Gesellschaftsformen und die Entladung dieser Melancholie, dieses Ekels am Bürger und all seinen Werken in zerstörerischen Handlungen oder Verweigerungen? Was sind die Motive der Revolutionäre in der „Wohlstandsgesellschaft"? Sind vielleicht spezifische Eigenschaften der sozialen Wirklichkeit, etwa seit 1955, etwa „frustrierende" Umweltbedingungen qualitativ neuer Art zum erstenmal für die Generation der nach dem Zweiten Weltkrieg Geborenen wirksam geworden? Oder gab es ähnliche Gemütsdispositionen und ihre politische Verbrämung auch zu Zeiten und in Gesellschaften, denen viele der heute typischen Merkmale fehlten? Manches spricht dafür. Ein Beleg sind z. B. Autobiographien prominenter Intellektueller, die vor zwanzig Jahren ihrer Enttäuschung über den Kommunismus Ausdruck gaben und schilderten, weshalb sie *einst* zu ihm gekommen waren. Die Ähnlichkeit der seelischen Vorgänge von damals mit dem, was sich heute wieder bei militanten Gesellschaftskritikern abspielt, ist verblüffend. So analysiert Arthur Koestler in seiner Autobiographie, wie er 1931/32, zur Zeit der großen Weltwirtschaftskrise, zum Kommunismus fand:

„Die Empörung glühte in mir wie in einem Hochofen. Zeitweise glaubte ich, in seinen Dämpfen zu ersticken; manchmal war es mir, als müßte ich ausschlagen, von einer Barrikade schießen und Dynamit um mich schleudern. Auf wen? Die Wut war unpersönlich; sie richtete sich nicht gegen eine bestimmte Person oder Gruppe. Ich haßte weder die Polizei noch die Fabrikanten, noch die Reichen – ich hatte zu jener Zeit selbst ein recht anständiges Einkommen. Die Braunhemden fand ich abscheulich, aber sie gehörten einer mir fremden, absurden Welt an. Meine kochende Empörung hatte keine spezifische Zielscheibe, sie richtete sich gegen das ganze System, gegen die ölige Heuchelei und die selbstmörderische Dummheit, die uns alle in den Untergang trieb. In meinen Wutphantasien wurde niemand umgebracht, aber mächtige Bauten stürzten wie unter einem Erdbeben – Ministerien, Redaktionsgebäude, Rundfunkstudios, die ganze Siegesallee mit ihrer scheußlichen Galerie von Herrschern und Marschällen ...".

Ein paar Zeilen weiter untersucht Koestler die persönliche Situation, die ihn zu dieser Einstellung gebracht haben könnte:

„Betrachtet man, im Lichte dessen, was ich über meine Kindheit berichtet habe, meinen besonderen Fall durch das psychologische Mikroskop, so kann man natürlich behaupten, daß meine Bekehrung zum Kommunismus keinem ,echten' sozialen Gewissen, sondern einer neurotischen Disposition entsprang. Aber ich bezweifle, ob ein noch so hoch entwickeltes soziales Gewissen jemals in dem Sinne ,echt' sein kann, daß es völlig losgelöst von frühen persönlichen Erlebnissen aus sich allein heraus existiert."

Man kann verstehen, wie der Anblick, das Erlebnis sozialer Mißstände, wie Massenarbeitslosigkeit, die Vernichtung von Lebensmitteln zwecks Preisstützung, wie ein zur Meisterung seiner angeblich immanenten Krisen unfähiges Wirtschaftssystem Wut und Aggressionstriebe auslöst. Was Koestler erzürnte und entrüstete, bot sich ihm täglich auf der Straße dar.

Gewiß, auch der heutige Gesellschaftskritiker in Amerika kann dasselbe täglich im farbigen Getto sehen, wenn auch die Erklärungen für beide Erscheinungen verschieden sein würden. Im Gegensatz zu den Zeitgenossen der Weltwirtschaftskrise sind die Gesellschaftskritiker in der heutigen „Wohlstandsgesellschaft" stets auf der Suche nach Kristallisationspunkten für ihren Haß. In den USA, wie bei uns, wußte man bereits 1969, was nach Vietnam dafür dienen wird: die Umweltverschlechterung durch Technik und Industrie, durch den Konsumbürger ebenso wie die Obdachlosen oder Schwierigkeiten der Gastarbeiter. Immerhin bleibt festzuhalten: bei einem gebildeten und geformten Mann wie Arthur Koestler blieben es Wunschträume der Destruktion. In der Gegenwart bei bereits wesentlich hemmungsloseren Menschen werden die Träume in Wirklichkeit umgesetzt: man träumt nicht von Brandstiftung, man zündet Warenhäuser in Frankfurt an oder verübt Bombenanschläge wie 1972 die Baader-Meinhof-Bande. Aber im Grunde sind es dieselben Aggressionsgefühle, und ihre Beschreibung durch Koestler paßt wörtlich auf die jugendlichen haßerfüllten Rebellen in der westlichen Welt, die Bibliotheken und ihre Kataloge, Computerzentren (McGill University, Montreal) und Hörsäle demolieren. Hier kommen auch Enthemmungen durch die Erfahrung (um die Mitte der 60er Jahre gemacht) hinzu, wie wenig einem droht, wenn man sich gehen läßt.

In welcher Weise aber ist diese Aggression, ausgelöst nur zum Teil durch bestimmte Reize in der Umwelt, mit einer sozialen Utopie verbunden? Was kommt zuerst? Die Empörung, die Entrüstung über tatsächliche oder vermeintliche Mißstände in der wirklichen Welt, die zur Aggression führen? Oder kommt bei manchen zuerst die Bekanntschaft mit der Utopie, an der gemessen die Mängel der wirklichen Welt ins Unerträgliche wachsen? Führt vielleicht die unkritische Beschäftigung mit einer Utopie zu einer Art Autofrustration, aus der man blindwütig in alle Richtungen Aggressionstriebe abreagiert und sich in nur sehr oberflächlicher Weise objektive Gründe für die eigene Aggression sucht?

Man darf die Beschäftigung mit utopischen Schriften, die Kenntnis sozialer Utopien (mit egalitären Intentionen) als Ursache für den Ekel an der wirklichen Welt nicht überschätzen. In manchen Fällen dürfte der spätmarxistische Hochschullehrer, dürfte die Lektüre von Marx oder Marcuse jugendlichen Gemütern nur die Bestätigung, die Legitimierung und Rationalisierung eines zuvor unartikulierbaren Unbehagens ermöglicht haben. Die Dürftigkeit der Argumente der spätmarxistischen Literatur, erwiesen an ihrer relativen Wirkungslosigkeit für fast zwei Jahrzehnte der Nachkriegszeit, kommt erst jetzt in jugendlichen Gemütern zum Tragen, die bereits vorher eine melancholische Trotzhaltung zu kultivieren begonnen hatten. Eine wesentliche Ursache für diese Stimmung ist ganz offensichtlich ein allgemeines schlechtes Gewissen, ein vages Schuldgefühl. Es ist kein Zufall, daß die studentischen Unruhen in den USA anfingen: dort war früher als in anderen Ländern Anfang der sechziger Jahre eine Generation groß geworden, der man vom zehnten Lebensjahr an buchstäblich täglich den Bissen im Mund mit dem Vorwurf der „Entwicklungsländer" vergällt hatte. Hinzu kam die immer mehr als unverdientes Privileg empfundene automatische Freistellung vom Wehrdienst für jeden, der sich auf einer Hochschule befand. Die subjektive Schuld über dieses Privileg mußte um so schwerer wiegen, als mit dem Vietnamkrieg die „draft exemption" zugleich eine Lebensversicherung bedeutete. Dieses Schuldgefühl der Verschonten war um so stärker, je unnützer ihnen das Studium, sei es als Fachrichtung, sei es auf Grund mangelnder eigener Leistungen, erschien. Eine Aufhebung dieser Spannung, die Neutralisierung dieses Schuldgefühls war aber möglich, wenn man die eigene Nation und ihre Außenpolitik demonstrativ ablehnte, zugleich aber auch die gesamte Wirtschafts- und Gesellschaftsform des Landes, deren Leistungsfähigkeit wegen man vom Wehrdienst befreit worden war. Fühlte man sich obendrein noch als akademischer Versager, wußte sich selbst unausgebildet und unvorbereitet, so mischte sich auch Scham ins Schuldgefühl. Eine solche Gefühlsmischung, wie Tiefenpsychologen und Analytiker längst wissen, erzeugt dramatische

Persönlichkeitskonflikte. Nicht zuletzt dies dürfte erklären, weshalb wir seit Mitte der 60er Jahre bei einigen Studenten westlicher Länder extreme kollektive Verhaltensweisen registrieren, wie sie bisher fast nur als Einzelfälle dem Psychiater begegneten. Ob sich ein heutiger Jugendlicher aus Schuldgefühl über seine eigene „Privilegierung" in einem spektakulären Selbstmord physisch selbst vernichtet und mit dieser Anklage etwas zu verändern hofft oder ob er sich nur um seine künftige bürgerliche berufliche Existenz bringt, indem er durch zahlreiche Akte von exhibitionistischem Vandalismus sich einen Namen macht: in beiden Fällen rächt er sich an einer Familie und Gesellschaft, deren „Verbrechen", in seinen Augen, es gewesen ist, ihn für ein Leben vorzubereiten, das nun einmal nicht alle Bewohner der Erde gleichzeitig teilen können. Dieses Motiv belegen z. B. die Tagebucheintragungen junger Franzosen, die sich Anfang 1970 selbst verbrannten: „Ich nehme mir das Leben für Biafra, denn ich bin nutzlos." „Das Leben – nicht alle haben dieselben Chancen." (*Die Zeit*, Nr. 9, 27.2.1970, S. 56.)

Nicht zuletzt fehlt manchen jugendlichen Gesellschaftskritikern die Fähigkeit zu unterscheiden. Sie nehmen Unzusammenhängendes in der Gesellschaft, Wirtschaft und Kultur, ähnlich wie die optische Koexistenz durch Photomontagen, mit denen Sensationsbücher, moderne Bühnenstücke (als Kulisse) oder die Umschläge von Studentenzeitungen illustriert werden, für bare Münze und glauben, man qualifiziere sich zum Gesellschaftskritiker, indem man Skurrilitäten aufspürt. Vermutlich gibt es in der Gegenwart nicht mehr Absurdität, Verschwendung und innere Widersprüche als, auf ihrem jeweiligen Kulturniveau, zu irgendeiner Zeit. Nur gab es früher nicht die technischen Kommunikationsmittel, um die Gleichzeitigkeit der Pseudokontraste hochzuspielen. Es ist deshalb unklug, wenn Politiker bei ihrem verzweifelten Bemühen, mit Protestlern ins Gespräch zu kommen, diesen stets zuerst einmal die Gründe für die Unzufriedenheit mit der Gesellschaft bekräftigen. So eilte der junge Oberbürgermeister von New York, *Lindsay*, einmal gleich nach Beendigung eines Studentenkrawalls am

Brooklyn-College, zu den Studenten und gestand ihnen zu, genug „Recht und Gründe für Unzufriedenheit und Rebellion gegen eine Gesellschaft und ein Land zu haben, in dem deutlich so vieles im argen liege". Lindsay sagte: „...wo ein überschallgeschwindes Flugzeug die höchste Vorrangstufe erhält und den brennenden Slums nur Krokodilstränen gelten."

Eine solche Rhetorik verrät völlige Unkenntnis über Zusammenhänge und Vorgänge in jeder Gesellschaft. Eine mit technischen Mitteln unter höchster Selbstdisziplin aller dafür Herangezogenen lösbare Aufgabe mit mathematisch-geographisch bzw. astronomisch eindeutig bestimmbarem Ziel, wie die Landung eines Menschen auf dem Mond oder die Entwicklung eines zuverlässigen Passagierflugzeuges mit Überschallgeschwindigkeit, ist von einer grundsätzlich anderen Ordnung als die Beseitigung, künftige Verhinderung, ja auch nur die partielle Sanierung eines Slums. An der Beseitigung seiner Slums hat Amerika seit vielen Jahrzehnten unter jährlichem Aufwand von Milliarden gearbeitet, ohne aber, wie schon vor über zehn Jahren deutlich wurde, mit der Sanierung je über die gleichzeitig neu entstehenden Slumflächen hinauszukommen. Jedes Jahr sanken mehr Wohnviertel in die Kategorie „Slum" ab, als im gleichen Jahr irgendwo im ganzen Land aus dieser Kategorie herausgehoben werden konnten.

Ob Sozialkritik, ob das Unbehagen an den bestehenden Verhältnissen zu einer Position führt, die auch evolutionäre, allmählich sich entwickelnde Verbesserungen als Lösung anerkennt, oder ob die Gesellschaftskritik zur Legitimation eines in alle Richtungen zugleich schlagenden, nihilistischen Angriffs dient, dürfte auch von der jeweils geglaubten Theorie über die Ursachen der Mißstände abhängen. Wenn es eine monokausale Theorie ist, wenn der Gesellschaftskritiker glaubt, durch einen einzigen gesetzgeberischen Akt, durch die Abschaffung oder Neueinführung einer Institution sei die ideale Gesellschaft herbeizuführen, dann wird er sich unter Umständen auf diese Veränderung konzentrieren und auch bereit sein, sich als verantwortlicher Politiker in einem demokratischen System an Parteiprogrammen zu beteiligen, die nur sehr allmähliche Verwirklichungen dieses einen Punktes versprechen. Vielleicht war dies ein Grund, weshalb zwischen 1920 und 1960 so viele von jenen, die sich einst alles von der Abschaffung des Privateigentums an den Produktionsmitteln versprachen, verhältnismäßig leicht zu evolutionären Pragmatikern werden konnten.

Aber seit etwa zehn Jahren, weit mehr als vor 30 oder 50 Jahren, ist deutlich geworden, wie sehr die soziale Wirklichkeit von einer unübersehbar großen Zahl von Faktoren bestimmt wird. Der Gesellschaftskritiker der 60er Jahre mußte, je mehr sich die Sozialwissenschaften entfalteten und je besser er die in ihnen aufgewiesenen Zusammenhänge kennenlernte, an der Möglichkeit verzweifeln, je durch einen einzigen legislativen Akt endgültig die Weichen für die von ihm erträumte künftige Gesellschaft stellen zu können. Hier dürften auch einige Gründe für die Kulturrevolution in China liegen. Mao erschien der gefürchtete Revisionismus, das Wiederaufleben von Verhaltensweisen, Wünschen und Praktiken aus vorrevolutionärer Zeit wohl deshalb so unaufhaltsam und unheimlich, weil man sich über die Ursachen nicht mehr sicher war. Die Vergangenheit, die man mit einigen gezielten Schlägen ein für allemal getötet zu haben glaubte, regte sich wieder an allen Ecken und Enden. Es ist kein Zufall, daß die radikalen Gesellschaftskritiker in unserer Mitte zur Zeit nicht nur immer wieder chinesische Vorbilder und Vorgänge zitieren, sondern, wenn man sie direkt fragt, in welcher Gesellschaft sie sich am ehesten verwirklicht sehen, das China der Kulturrevolution nennen.

Bezeichnenderweise verschrieben sich die europäischen und amerikanischen Intellektuellen um 1930, u. a. entrüstet über die damaligen Lebensmittelvernichtungen zwecks Preisstützung angesichts hungernder Menschen, während der Weltwirtschaftskrise verhältnismäßig kurzfristig realisierbaren Utopien. Arthur Koestler spricht davon, wie er sich in den Fünfjahresplan der Sowjetunion „verliebte". Immerhin waren Fünfjahrespläne überschaubare Fristen. Im Ansatz wenigstens hatten sie rational realisierbare Ziele. Heute bringt kein jüngerer Gesellschaftskritiker noch Interesse für einen Fünfjahresplan auf.

Während „Gesellschaftsveränderung" mit Hilfe eines Fünfjahresplanes sofort beginnen kann und genau die einzelnen Schritte festlegen und bekanntgeben muß, zeichnet sich heutige Gesellschaftskritik durch sorgfältige Vermeidung jeglicher Äußerung über die konstruktiven *ersten* Schritte der gewünschten Gesellschaftsänderung aus. Außerdem dienen alle Fünfjahrespläne einer Produktionssteigerung zwecks besserer Bedürfnisbefriedigung: eine Aufgabe, die heutige Gesellschaftsverbesserer verachten. Für die „Leistungsgesellschaft", gerade auch die der Ostblockstaaten, haben sie nur Hohn und Verachtung. Fünfjahrespläne, an denen sich vor 40 Jahren fast alle Linksintellektuellen begeisterten, setzen Produktionsziele, fordern Produktivitätszuwachs: genau das ist für die „Neue Linke" ja der Inbegriff alles Bösen. Vielleicht haben die notorischen Mißerfolge der Fünfjahrespläne in allen Ländern, die sich seit dem Zweiten Weltkrieg damit voranbringen wollten, ebenfalls zu dieser Ernüchterung geführt; aber man kann immerhin vor dem Kommunisten oder Sozialisten eines Entwicklungslandes Achtung haben, der, von der Praktikabilität eines Fünfjahresplanes überzeugt, konkrete Schritte vornimmt, während es einem schwerfällt, sich diese Achtung angesichts solcher Gemüter abzuringen, die sich ausschließlich um die Destruktion ihrer Gesellschaft bemühen.

Bereits 1956 fiel mir in den USA auf, wie fassungslos und entrüstet sich die amerikanische Linksintelligenz einer Lawine kinderreicher, optimistischer, konsumfreudiger, gut situierter Familien gegenübersah, die jene Berufskategorien füllen, für die man zwischen ca. 1920 und 1950 klassenkämpferische Parolen zurechtgehämmert hatte. Ich schrieb vor siebzehn Jahren: „Wie kann also der Dozent für Nationalökonomie oder politische Wissenschaft von Harvard, Yale oder Chicago dem mit 250 PS über wundervolle Autobahnen zum Strand brausenden Arbeiter klarmachen, daß er ihn, den Intellektuellen und Fürsprecher des machtlosen common man, nach Washington entsenden muß, um dort durch Dekret eine neue Gesellschaft zu zimmern, die ihm allein erst volle Entfaltung seiner Persönlichkeit verschaffen wird?" Das war zwei Jahre, bevor John K. Galbraith mit dem Buch „Gesellschaft im Überfluß" dieses Leitmotiv der permanenten Sozialkritik stilisierte.

Die Kritik an der Gesellschaft, die etwas leistet, das offenbar die Mehrheit der Bevölkerung durchaus gerne entgegennimmt, tauchte vor zwanzig Jahren auf. Unwiderleglich ist sie, weil jetzt etwas kritisiert wird, das immer mehr perfektioniert wird, je mehr die Marktwirtschaft der westlichen Welt das leistet, wozu man eine Wirtschaft hat: Befriedigung nicht nur der Subsistenz, sondern auch höherer und immer komplizierterer Ansprüche immer weiterer Bevölkerungsschichten. Je besser die Wirtschaft der westlichen Welt das leistet, desto mehr wird die wegen dieser Leistung kritisierte Gesellschaft „die böse Gesellschaft"; wenn man die Prämisse gelten läßt, daß der Mensch gar nicht weiß, wie sehr er seines Menschseins entkleidet wird, weil er durch diesen Konsum „seiner selbst entfremdet" wird.

Einige führende amerikanische Intellektuelle sind Ende der 60er Jahre dieser Gesellschaftskritik äußerst scharf entgegengetreten, sofern sie im studentischen Anarchismus und Terror Ausdruck findet. George F. Kennan, Diplomat, Rußland-Experte und Historiker, jetzt am Institute for Advanced Studies in Princeton, hat wohl am schärfsten die gegenwärtige Form der Gesellschaftskritik als pathologisch zurückgewiesen. Liest man aber nach, was Kennan Anfang der 50er Jahre gesagt hat, zeigt sich, daß er auch mitgeholfen hat, diese Form der Gesellschaftskritik zu propagieren. 1955 hielt Kennan eine Ansprache vor Studenten der New School for Social Research in New York City und sagte: „Ich weiß nicht, ob die Wahlfreiheit für das Individuum wirklich größer gemacht wird durch die Umstände, unter denen unser materieller Wohlstand sich entfaltet hat. Ich bezweifle, ob materieller Überfluß allein, wie wir ihn bisher angestrebt haben und wie wir ihn jetzt rasch kennenlernen, uns tatsächlich zu einem glücklicheren Volk gemacht hat. Seht auf den Zustand unserer Jugend, schaut auf die Gesichter hinter den endlosen Strömen von Windschutzscheiben unserer Autobahnen und fragt euch dann: Sind diese Menschen so glücklich, wie sie sein sollten?"

Als Hochschullehrer in den USA, der diese Generationen

amerikanischer Studenten zwischen 1950 und 1965 an sich vorüberziehen sah, möchte ich erwidern: Ja, damals waren sie in der Regel so glücklich, wie man eben sein kann, abgesehen von ihren persönlichen Problemen. Wenn jedoch heute vielleicht 10 oder 30 Prozent derjenigen Amerikaner, die *heute* im Alter von 18 bis 28 Jahren auf amerikanischen Hochschulen sind, meinen, sie seien gerade ob dieses Wohlstandes nicht mehr glücklich, ist dies auch das Ergebnis dieser früheren Gesellschaftskritik, an der sich Kennan und viele andere beteiligt haben, die sie aber damals keineswegs revolutionär meinten.

Blicke ich auf Gespräche mit jungen Amerikanern in den 50er Jahren zurück, die damals die Ausnahme darstellten, die mit der Mehrheit ihrer Kommilitonen wenig gemeinsam hatten, aber in Gesprächen mit mir über ihr Verhältnis zur eigenen Gesellschaft Auskunft gaben, bleibt als Kern ihres Unbehagens ein tiefes Schuldgefühl, eine vage allgemeine Schuld: Weshalb bin ich, der ich bin, weshalb bin ich in dieser relativ günstigen Lage, weshalb leben 99% der Welt in weniger günstigen Umständen?

Ich lernte 1955 in Amerika einen Studenten näher kennen, der in seiner Dissertation allen Ernstes vorschlug, man solle in den Vereinigten Staaten einen zentralen Kulturplaner einsetzen – etwa als Kabinettsmitglied der Bundesregierung –, der dafür sorgen sollte, daß alle Amerikaner gleiche ästhetische Erlebnisse hätten: es ginge schließlich nicht, daß so viele nur Schund wahrnähmen. Es ging diesem Studenten ausdrücklich um eine Neuplanung der Gesellschaft, die selbst die sinnesphysiologische Kompetenz des Mannes auf der Straße mit jener der ästhetischen Elite ausgleichen sollte. Jener Student war künstlerisch hochbegabt. Sein Vater starb früh, und der Junge wollte, wie er sagte, irgendwie für den Tod seines Vaters sühnen. Seine tüchtige Mutter rettete nicht nur genug vom Vermögen, sondern vergrößerte es sogar noch als resolute Geschäftsfrau. Später verlor der Junge seine Religion und kam als Freigeist auf ein College, das für seinen Linksradikalismus berühmt ist.

Die vier Jahre auf dem College erklären zwar den allgemeinen Egalitarismus, die frühen Jugendeindrücke – der Sühneversuch für den vielleicht unbewußt herbeigewünschten Tod des Vaters – sind aber nötig, um den darüber hinausgehenden existentiellen Egalitarismus dieses Menschen wenigstens in äußeren psychologischen Umrissen begreiflich zu machen. In diesem Fall ging die Verdrängung des wollenden Ichs durch „die Gesellschaft" sogar so weit, daß er mir gestand, ein schöpferischer Künstler habe eigentlich kein Recht, seinen Namen mit dem Werk verknüpft zu sehen oder gar der Nachwelt zu überliefern, da er ja nur etwas in die Welt bringe, was eigentlich der ihn umgebenden Gesellschaft gehöre und ohne diese nicht möglich gewesen sei.

Ein anderes Mal sprach ich mit einem Studenten der Philosophie. Sein Vater ist Prediger einer evangelischen Konfession Amerikas, sein älterer Bruder ist Handwerker. Er selber konnte eine der besten Hochschulen des Landes besuchen. Dann bekam er ein Stipendium für ein Studienjahr in Europa. Dort erfaßte ihn sein soziales Schuldgefühl in voller Schwere (seines Bruders wegen hatte er es wohl schon längst): sein für amerikanische Begriffe mäßiges Stipendium brachte ihm in Europa ein Vielfaches von dem, was seine Mitstudenten in der Regel zum Leben hatten. Die Härte des Dollars, die Weichheit der europäischen Währung begünstigte ihn. Er konnte es aber, wie er mir sagte, kaum aushalten. Schließlich war sein Stipendium fast das Vierfache des Existenzminimums seiner Kommilitonen. Aber als dieser Student in die Vereinigten Staaten zurückgekehrt war, erhielt er für fortgeschrittene Studien an einer Universität wieder ein schönes Stipendium von etwa 2500 Dollar. Er wußte aber, daß manche seiner amerikanischen Kommilitonen nur Studienbeihilfen von 800 bis 1600 Dollar bekamen, und wieder, genau wie in jenem europäischen Land, faßte ihn der soziale Katzenjammer. Gefragt, ob er denn nicht primär sich seiner Begabung, seiner Musikalität, seines Geistes schäme, behauptete er zwar, dies sei ihm nicht bewußt. Aber der Grund, weshalb ihm gute Stipendien gegeben wurden, die andere nicht errangen, ist doch mit seiner angeborenen Begabung verknüpft.

Diese hier skizzierte Seelenhaltung findet sich häufiger bei protestantischen Angelsachsen und bei mehr oder minder agnostischen Persönlichkeiten als bei Katholiken, weil die katholische Sittenlehre sich mit einer solchen Scham über das einem zugemessene Glück nicht vereinbaren läßt.

Dazu hat einer der hervorragendsten Essayisten und Dramakritiker der Vereinigten Staaten, Joseph Wood Krutch, vor Jahren sehr Wesentliches ausgeführt. Krutch war Professor an der Columbia-Universität in New York und aktiver Kritiker der Bühne, zog sich dann aber ins Privatleben zurück, um seinen Naturstudien und der freien Schriftstellerei mehr Zeit widmen zu können. Wir verdanken ihm Bücher, worin er die Schätze und Glücksquellen schildert, die in der freien, unverstädterten Natur auch heute noch auf den Menschen warten. In der Einleitung zu dem Band „Die beste zweier Welten" setzt sich Krutch mit den möglichen Einwänden gegen seine Medizin auseinander. „Man wird mir erwidern", schreibt Krutch, „daß mein naturnahes Leben für die meisten verschlossen ist. Selbst die Reichen können es sich kaum leisten, das einfache Leben zu führen. Und selbst wenn wir dir zugeben, daß du ein gutes Leben führst, wie können wir denn die Gesellschaft so ummodeln, daß alle Menschen dieses Leben führen können? Dies, so werden sie triumphierend rufen, ist das Problem, das uns beschäftigen muß."

Von hier aus gerät Krutch zur entscheidenden Frage, ob denn wirklich jeder, der sich selbst eine Sphäre des Glückes oder der Zufriedenheit schaffen kann, moralisch verpflichtet sei, sich dies zu versagen, weil nicht alle Menschen gleich begünstigt sind. Und darauf antwortet Krutch mit einer Überlegung, die leider heute nahezu als häretisch gilt:

„Man kann darauf erwidern, daß die Weigerung, Glück [happiness] entgegenzunehmen, weil nicht alle gleichermaßen glücklich sind, keine Methode ist, um Glück für jedermann – nicht einmal im Endeffekt – sicherzustellen, sondern lediglich ein Weg, mit dem man gewährleistet, daß die Misere universal wird, da selbst die vom Glück Begünstigten sich nicht den Genuß dieses Glückes gestatten werden. Eine solche Perversität mag jenen als Tugend erscheinen, die gewisse Haltungen pflegen, aber man darf vielleicht darauf hinweisen, daß es nicht immer so gewesen ist. Für die katholische Theologie war es – und soviel ich weiß, ist es immer noch – eine Sünde, die Sünde der Melancholie, die sorgfältig definiert wurde als die störrische Weigerung, für die guten Gaben Gottes dankbar zu sein. Aber es ist wirklich nicht notwendig, diese Position einzunehmen, gegen die viele Leute etwas einzuwenden haben würden. Es ist schließlich eine blanke Tatsache, daß die meisten Menschen mein Leben nicht möchten. Ich bin mir vollkommen klar, daß die Mehrzahl meiner Bekannten mich nicht beneidet, sondern eher bemitleidet."

Ich möchte dieses psychologisch heikle, bei vielen Menschen äußerst zwiespältige Gefühle auslösende Problem der irrationalen Schuld als Ursache der Gesellschaftskritik noch an einem Bühnenstück von Jean Anouilh aufzeigen. Das 1934 geschriebene Stück „Die Wilde" begründete Anouilhs Ruhm. Seine Charakterisierung einer jugendlichen Rebellin ist frappierend aufschlußreich für den Seelenzustand der unglücklichen und aggressiven jungen Menschen von heute.

„Die Wilde" (La Sauvage), ein junges Mädchen, ist eine untalentierte Kaffeehaus-Klavierspielerin aus sehr einfachem Milieu. In sie verliebt sich ein reicher, als Pianist äußerst erfolgreicher junger Mann. Sie kommt als seine Verlobte in sein Haus und hätte, wie man naiverweise meinen könnte, allen Grund, froh über das Glück zu sein, das ihr widerfuhr. Statt dessen wird sie – wie Anouilh zeigt – immer unglücklicher (modern gesagt: immer frustrierter), je mehr ihr der Unterschied zwischen ihrer Herkunft und der Welt ihres künftigen Mannes spür- und einsehbar wird. „Die Wilde", Thérèse, befindet sich noch im Haus ihres Verlobten und lädt ihren Vater zu sich. Er kommt und wundert sich über das Verhalten seiner Tochter, die alles darauf anzulegen scheint, die Verlobung auffliegen zu lassen. Ihr Vater fragt sie: „Gegen wen revoltierst denn du?" Die Tochter erwidert: „Gegen ihn und gegen alles, was hier so ist wie er." Ihr Vater ist ratlos, aber sie klärt ihn auf. Nicht zuletzt haßt sie die Bücher ihres Verlobten und schreit: „Und erst seine Bücher. Sie sind alle seine Freunde. Sie haben ihm geholfen, das zu werden, was er ist." Sie reißt einzelne Bücher aus dem Regal und schleudert sie auf den Boden. – Nimmt das nicht schon die Bilder- und Bibliotheksstürmer unter den studentischen Anarchisten der späten 60er Jahre oder die Rahmenrichtlinien des Hessischen Kultusministers für Deutsch und Gesellschaftskunde im Jahr 1973 vorweg?

Einige Szenen danach spricht Thérèse mit einem Freund des Hauses, der sie zu ihrem bevorstehenden Eheglück beglückwünscht. Sie aber sagt: „Ihr hängt mir alle zum Halse heraus mit eurem Glück, man könnte meinen, es gäbe nichts anderes auf der Welt." Etwas später kommt es zur ersten heftigen Auseinandersetzung mit ihrem Verlobten. Hier fallen die Worte, die den ersten, noch verschleierten Hinweis auf das eigentliche Motiv ihres Hasses geben. Ihr Verlobter sieht seine Bücher auf dem Boden liegen und verlangt Auskunft. Sie schreit ihm entgegen: „Du sollst es wissen, daß ich deine Bücher heruntergeworfen habe und daß ich jeden Abend, wenn ich hier durchgehe, das Bild deiner Mutter anspucke, daß ich meinen Vater herkommen ließ, damit er sich betrank und unflätige Lieder sang. Aber warum ich das alles tat, warum ich euch alle hasse, das werde ich dir niemals sagen, das mußt du selbst herausfinden." Das Motiv, das sie nicht preisgeben will, kommt erst ganz am Ende des Stückes zur Sprache, als Thérèse selbst den aggressiven, mißgünstigen Freunden aus ihrem früheren Milieu den Neid vorhält, mit dem sie in ihrer Untalentiertheit und Faulheit zum großen Pianisten aufschauen. Der Neid in Thérèse auf das anderen Menschen, auch ihrem Verlobten, natürlich zugekommene Talent und Glück wird durch ein Schuldgefühl den Schicksalsgenossen im Herkunftsmilieu gegenüber potenziert. Sie ahnt, wie dankbar sie für das durch die anderen für sie Vorbereitete und Geschaffene sein müßte. Weil sie aber zu dieser Dankbarkeit, in der sich ihre Unterlegenheit demonstrieren würde, nicht fähig ist, muß sie die Illegitimität, die Nichtigkeit, die Unanständigkeit dieser anderen Welt, in die sie treten soll, die andere für sie geschaffen haben, behaupten: weil man nur sie und nicht zugleich alle anderen ihrer Schicksalsgenossen in die Welt der Könner und Erfolgreichen aufnehmen möchte, bleibt ihr nur die haß- und neiderfüllte Revolte gegen diese Welt.

In Jean Anouilhs Stück kommt es einige Szenen später zu einer weiteren Auseinandersetzung zwischen Thérèse und ihrem Verlobten. Sie hält ihm höhnisch entgegen: „Aber auf das warst du wohl nicht gefaßt – dieser Haß in meinem Gesicht, diese Stimme, diese liederlichen Züge. Ich bin in diesem Moment sicher so häßlich wie das Elend selber. Schüttle nicht den Kopf, du bist blaß. Die Besiegten flößen immer Grauen ein." Ihr Verlobter versteht nicht, weshalb er Sieger sein soll. Darauf schreit sie ihn an: „Weit schlimmer: du bist reich, ein Sieger, der nie gekämpft hat." Darauf er: „Du kannst mir doch nicht ewig dieses Geld vorwerfen. Was soll ich machen, es zum Fenster hinauswerfen?" Darauf sie: „Nichts, auch wenn du es in alle Winde verstreutest, mein Leid würde nicht davonfliegen, du bist ja nicht nur reich an Geld, du bist auch reich an deinem Elternhaus – die ruhige Sicherheit, in der du und deine Vorväter lebten. Du bist reich durch deine Lebensfreude, um die du niemals kämpfen mußtest. Reich durch dein Talent. Du siehst, es gäbe viel zum Fenster hinauszuwerfen."

Hier sehe ich Parallelen zur Gegenwart. Ist es wirklich eine Identifikation, ein echtes Mitleid mit den Menschen der Entwicklungsländer, die heutige Gesellschaftskritiker zum Haß auf ihre eigene Gesellschaft führt? In vielen Fällen, gerade auch in Gesprächen mit solchen Menschen in den letzten Jahren, ergab sich eher der Eindruck, daß sie im Grunde die Welt ihrer Väter nur zu gut in ihrer Perfektion und Perfektibilität erfassen, aber in ihrem Stolz getroffen sind, weil sie zugleich spüren, wie wenig sie dazu beigetragen haben und deshalb (irrtümlich) meinen, es bliebe ihnen selbst darin so wenig zu tun.

Die Aggressivität gegenüber der Gesellschaft ist oft das Ergebnis eines unbezwungenen Schuldgefühls gegenüber all denjenigen, die an dieser Welt nicht teilhaben können.

Im Rückblick auf die Studentenrevolte Ende der 60er Jahre in den USA – die dort, im Gegensatz zur Bundesrepublik, eben nicht in einer Übernahme durch die kommunistische Partei mündete – hat einer ihrer Führer an der Harvard-Universität, Michael E. Kinsley, dies klar erkannt. 1972 schrieb er: Märtyrertum war das Leitmotiv der Studenten seit 1968, aber in Wirklichkeit „war es nur die Selbsttäuschung durch büßendes Leiden, das sich so nett mit persönlichem Ehrgeiz verbinden ließ und das schlechte Gewissen über den eigenen elitären Anspruch besänftigte" („Newsweek", 28. 2. 1972).

# 7. Im Wettlauf zum Einheitsmenschen

Sich und andere gleichzumachen, gehört heute in der Bundesrepublik Deutschland zu den großen Tugenden. Unterschiede
jeder Art gelten als anstößig. Aus dieser allgemeinen Demo-
kratisierungswelle ist ein *Wettlauf zum Einheitsmenschen* geworden. Und viele beteiligen sich daran aus einem schlechten
Gewissen darüber, daß sie selbst noch etwas geleistet oder er-
rungen haben, das sie von der Mehrheit unterscheidbar macht.
Kaum ein Minister, der auf sein „progressives Image" bedacht
ist, versäumt es, in seinem Haus alle Titel und Amtsbezeichnungen aus dem Verkehr zu ziehen. Gewerkschaften fordern
die Entfernung aller Dienstgrad- und Amtsbezeichnungen u. a.
von den Türschildern in den Ämtern. Besonders eifrig demon-
tiert man die Amtstitel in der Justiz. Es soll nur mehr „Richter"
geben, nicht einmal mehr die Bezeichnung „Richter am ... Gericht."

Jeder kann so bescheiden sein, wie er will. Viele Titel und
auch die Sichtbarkeit militärischer Ränge haben jedoch einen
Zweck: den Verkehr zwischen Menschen übersichtlicher und
voraussagbarer zu machen.

In der Bundesrepublik Deutschland allerdings soll man
künftig offenbar auf Namenszusätze, die eine Anerkennung
einer beruflichen Leistung verraten, verzichten. Eigentlich
ist das grausam. Die Mehrheit in jeder Bevölkerung trägt
Familiennamen, die sehr häufig sind. Welch ein Ansporn
zur Leistung, aber auch welch ein Quell der Befriedigung
war es doch, wenn ein Mann durch Leistung es dazu brachte,
einen akademischen Grad, einen „Rat" oder Dienstrang,

einen Amtstitel zu seinem Allerweltsnamen setzen zu dürfen. Die pseudodemokratische Verleugnung dessen, was man geworden ist, kann aber auch sehr komische Folgen haben. In einem großen Ministerium geht jemand aus seinem Zimmer und sagt: „Falls ein Anruf kommt, ich bin bei Herrn Schmitt." Die Sekretärin muß dann wohl zurückfragen: „Meinen Sie den, den wir früher Minister, den Regierungsdirektor oder den Regierungsrat nennen durften oder meinen Sie den Dr. Schmitt, der auf Probe angestellt ist?" Das wird zur Aufwertung der Vornamen führen. Bisher spielten diese im Kommunikationsgeschehen der deutschen Bürokratien keine Rolle, anders als in angelsächsischen Ländern. Nun wird es bedeutsam werden, ob man sich Hans oder Henri Schmitt nennen darf. Eine neue Ungleichheit erhebt sich vor den Demokratisierern: Wessen Eltern bei der Taufe kühn und einfallsreich waren, wird nun ein unverdientes Plus haben. Zum tiefen Schmerz seiner Namensvettern, die zum häufigen Nachnamen auch noch Fritz oder Hans heißen. Wenn das Gemüt der meisten Menschen wirklich so beschaffen ist, wie es die Titelabschaffer zur Begründung ihres Treibens voraussetzen, dann wird die „Demokratisierung" bei den durch Leistung erworbenen Namenszusätzen nicht halt machen. Wer sich um „seine Demokratie" betrogen fühlt, weil ein anderer sich Oberregierungsrat oder Landgerichtsdirektor nennen darf, wird es nicht mehr ertragen, daß der Kollege im Zimmer nebenan zwischen Vor- und Nachnamen ein „von" setzen darf.

Wenn erst diese Spuren einer „feudalen" Vergangenheit getilgt sein werden, bleibt immer noch ein Ärgernis: nämlich das Ärgernis, das jene erregen, die einen Nachnamen ihr eigen nennen, bei dem es in den Telephonbüchern unserer Großstädte jeweils nur ein, zwei oder drei Einträge gibt. Welche Chancenschmälerung bedeutet dies allen jenen gegenüber, die sich als Politiker, Künstler oder auch nur als Freier mit einem Namen in den Vordergrund kämpfen müssen, von dem es Ungezählte in jedem Ort gibt.

Am Ende bleibt nur eine Lösung. Das Parlament wird ein Gesetz verabschieden, wonach alle Träger eines Namens, der im Telephonbuch von Orten mit mehr als 500 000 Einwohnern mit weniger als 20 Eintragungen erscheint, diesen ablegen müssen. Sie dürfen sich als Ersatz einen der zehn häufigsten Namen aussuchen...

Für manche führt der Weg ins Paradies der Gleichen auch über die Duz-Gesellschaft. „Alva Myrdal, die Großmutter der schwedischen Sozialdemokraten, sah das Näherrücken der Gleichheit darin walten, ›daß die Schweden spontan begonnen haben, fast alle Menschen zu duzen‹. Das französische Nachrichtenmagazin *Le Point* registrierte soeben, daß selbst in Frankreich, wo sogar die Kinder ihre Eltern zu siezen pflegten und das *tu* „den Domestiken, den Dichtern und Gott" vorbehalten war, das *vous* im Schwinden sei; mindestens garantiere „das Du keine Freundschaft mehr und das Sie keinen Respekt" (*Dialog,* März 1973, S. 86). Schon der persönliche Nachname ist ein Ärgernis für manche, und dabei beruft man sich gerne auf die demokratische „Vornamen"-Gesellschaft, nämlich auf die Vereinigten Staaten von Amerika.

Man trifft die in den USA interviewten oder von dort wieder in die Bundesrepublik zurückgekehrten jungen deutschen Akademiker, die fast nie versäumen, hervorzuheben, wie schön es sei, vom ersten Tag an vom ältesten Professor mit dem Vornamen angeredet zu werden und diesem die gleiche Vertraulichkeit erweisen zu dürfen.

Nun geht ja tatsächlich die Vornamenmanie in Amerika so weit, daß sie geradezu schon hinderlich wird. Ich habe unzählige Male an Sitzungen teilgenommen, in denen über die Angelegenheiten irgendeines Jack, Jim oder Dick verhandelt wurde, ehe sich herausstellte, daß die Sitzungsteilnehmer, jeder für sich, an mindestens drei verschiedene Träger des gleichen Namens gedacht haben. Ähnliches passiert natürlich bei privaten und dienstlichen Telefongesprächen.

Im Laufe der letzten Jahre konnte man Interviews lesen, in denen deutsche Wissenschaftler, meistens sehr junge Leute, erklärten, weshalb sie sich in Amerika wohler fühlen als an „hierarchischen" Instituten und Hochschulen bei uns. Immer wieder tauchte dabei auch die von ihnen als egalitäre Geste gedeutete Anrede mit dem Vornamen als Plus für die USA auf. Zweifelsohne, wenn man beispielsweise als junger, frischgebackener Physiker nach dem Atlantikflug sich unvermittelt in einem Department wiederfindet, wo man für jeden vom ersten Tag an Hans heißt und dafür auch den Chef Dick titulieren darf, so läuft einem anfangs ein glückliches Geriesel den Rücken hinunter, für das wir eine Erklärung eher in den Schriften von Konrad Lorenz als in jenen der Kultursoziologen suchen sollen. Wie herrlich ist es doch, in eine Urgemeinschaft eingeschlossen zu sein!

Wie alles im Leben, so dürfte aber auch diese „instant community", diese vermeintliche Sofortgemeinschaft, im Lauf der Jahre ihren Reiz verlieren. Ein Beispiel: Vor einigen Jahren begegnete mir ein deutsch-amerikanischer Physiker, etwa Mitte Vierzig, der nun wieder an einem deutschen Forschungsinstitut arbeitet und, nach den Motiven seiner Rückkehr gefragt, spontan als erstes sagte: „Ich möchte endlich wieder in einem Land leben, wo mich nicht jede Verkäuferin ‚honey' nennt."

In einer Gesellschaft, wo jeder Laborgehilfe unter Umständen zum Institutsdirektor Bob sagen kann, darf dieser sich auch nicht wundern, wenn eine Verkäuferin mittleren Alters im Warenhaus oder eine Kellnerin im Schnellrestaurant ihn mit ‚Hallo, Süßer' empfängt (Hi, honey), was aber keineswegs mit der Begrüßung verwechselt werden darf, die in einem anrüchigen Nachtklub am Platze wäre.

Man darf nun nicht glauben, den Amerikanern fehlte jedes Gefühl für Situationen, in denen eine förmliche Anrede angebracht ist. Im Gegenteil. Sie freuen sich geradezu öffentlich, wenn es eine gibt. So habe ich in ungezählten Zeitungsberichten immer wieder die an sich überflüssige Feststellung gelesen, daß John F. Kennedy vom Glockenschlag seiner Inauguration an für all seine Freunde und Mitarbeiter, die ihn zeit ihres Lebens oder jahrelang nur als Jack gekannt hatten, auf einmal nur mehr als „Mr. President" ansprechbar war. So will es das Protokoll der amerikanischen Demokratie. Und, wie man aus dem Streit über das von den Kennedys in Auftrag gegebene Buch über den Tod des Präsidenten entnehmen konnte: Präsident Johnsons großer Fauxpas – aus der Sicht der Kennedys – gegenüber der Witwe JFKs war die gutgemeinte Anrede „honey" gewesen. Die den Europäer, je nach dem Grad seiner egalitären Sehnsüchte, so erstaunende oder beglückende Vertraulichkeit der Anrede im amerikanischen Alltag hat auch ihre Grenzen. Aber an solche denkt die Jugend ja ungern. Ehe sie jedoch von den Äußerlichkeiten einer vermeintlich enthierarchisierten Gesellschaft sich die Heilung aller zwischenmenschlichen Probleme verspricht, sei erwähnt, daß auch der vor seinem Richter stehende Kandidat für den elektrischen Stuhl zu hören bekam: „I am sorry, Al, but I have to send you to the chair."

Die neuen Universitätsgesetze bei uns haben, „um Differenzierungen zu vermeiden", alle Angehörigen des Lehrkörpers mit der einheitlichen Amtsbezeichnung „Professor" ausgestattet. Die Bundeswehr wird vermutlich künftig jedem die Furcht vor der Majorsecke nehmen, indem sie alle Offiziere vom Leutnant an schlicht und allein „Offizier" nennt. Danach wird sich die Bundeswehr der Anwärter auf die Laufbahn des Berufsoffiziers sicherlich kaum erwehren können. Und es ist auch nur billig. Wenn der Irrtum des Amtsrichters angeblich gleich viel wiegt wie der Irrtum des Senatspräsidenten, dann sicherlich auch der des Hauptmanns und der des Generals. Alle Richter sprechen Recht, alle Offiziere verteidigen. Wozu also noch Dienstränge? Im übrigen sollten eigentlich die Professoren und Richter, ihrer differenzierenden Amtstitel beraubt, vor dem Bundesverfassungsgericht gegen die Beibehaltung der Dienstbezeichnungen in der Bundeswehr klagen: sie verletzt den Gleichheitsgrundsatz.

Mit Demokratie hat der Sturm auf Amtsbezeichnungen nichts zu tun. Diese verlangt lediglich, daß bei der Wahl der Volksvertreter die Stimme des Hilfsarbeiters oder Schülers genausoviel wiegt wie die Stimme des Nobelpreisträgers. Leider behagt gerade das den Linksparteien nicht: sie tragen die Titel ihrer Prominenten wie ein Gütezeichen. Die Leistungselite internationaler Prägung wird uns deshalb noch lange erhalten bleiben.

Und ganz im Gegensatz zu den enttitelten Normalmenschen, den gewöhnlichen Sterblichen, die sich jedes ihre Leistung erkennbar machenden Namenszusatzes bereits schämen zu müssen glauben, gibt es eine Superelite, die keineswegs die Enttitelung mitzumachen gedenkt: die Nobelpreisträger. Wie egalitär, wie sozialistisch es auch zugehen mag, niemals wird man versäumen, zu schreiben „Herr N., Nobelpreisträger". Selbst Heinrich Böll, im „Newsweek"-Interview (22. Januar 1973) gefragt, ob der Nobelpreis für ihn rein symbolischen Wert habe, erklärte:

„Einen Augenblick bitte! Weder der Ruhm noch die schwedischen Kronen sind symbolisch. Ich bekam den Preis und ich werde mit seinem Besitz zurechtkommen. So bescheiden bin ich nun auch nicht. Im übrigen ist mir klar, welche Macht er mir gibt, politische Ziele zu erreichen, beispielsweise um Regierungen unter Druck zu setzen, eingesperrte Schriftsteller und Intellektuelle freizulassen. Man muß die geistige Unterdrückung publizieren, die selbst in NATO-Ländern überall vorkommt."

In Wirklichkeit hat die bei uns in der Bundesrepublik so flott voranschreitende Enttitelung und Nivellierung von Berufs- und Amtsbezeichnungen (wie bei Richtern, Universitätsprofessoren) mit dem Wesen einer Demokratie gar nichts zu tun. Weder das sozialistische Schweden verzichtet auf sein Recht, jedes Jahr zur Super-Elite der Welt neue Namen hinzuzugesellen, noch haben es z. B. sozialistische Politiker in Großbritannien in der Regel bis heute abgelehnt, sich von der Königin adeln zu lassen, um fortan als „Sir..." durch die Welt zu wandeln. Die Enttitelung bei uns hat zwei Gründe. Einmal entspringt sie dem bloßen Neid, zum andern sind Einheitsprofessoren oder Einheitsrichter – wie man hofft – leichter „von der Basis her" – und auch von Ministerien her – einzuschüchtern.

Im Gegensatz zu allen anderen westlichen Ländern, die in den 60er Jahren Studentenunruhen hatten, hat allein die deutsche Hochschul„reform" die Einebnung der Professorengruppe und die entsprechende Privilegierung anderer Personenkreise im Hochschulbereich gebracht. Mit dem Ergebnis von vielfach funktionsunfähigen Hochschulen weiß man zur Zeit offenbar nicht viel anzufangen. Diese einzigartige Torheit der deutschen Hochschulreform seit 1968 ist wohl mit dem in der westlichen Welt ebenfalls einzigartigen früheren Sozialprestige der Hochschulprofessoren zu erklären: niemand in den USA konnte es reizen, die Studentenunruhen als Vorwand zu benutzen, um den Professoren eins auszuwischen. Denn niemand, der dazu an der richtigen Stelle saß, hatte ihnen gegenüber Minderwertigkeitskomplexe. Anders bei uns. Die Zahl der Personen in den Landtagen, Kultusministerien, in Gewerkschafts- und Parteizentralen, in den Redaktionen von Presse und Rundfunk, die insgeheim gerne ordentlicher Universitätsprofessor geworden wären, muß recht groß gewesen sein. Hier, im Motiv des Neides auf ein Berufsprestige, dürfte ein wesentlicher Grund für die Eigentümlichkeiten dessen zu suchen sein, was bei uns seit 1968 als Hochschulreform über die Bühne ging. Und es läßt sich belegen.

So schrieb Rolf Spaethen in seiner Kolumne im „Industriekurier" (19. April 1969):

„Unsere bisherigen Vorstellungen über gesellschaftliche Hierarchie sind ein einziger Witz. Professoren stehen bei allen Meinungsbefragungen ohne Rücksicht darauf, was sie treiben, unangefochten an der Spitze der Wertschätzung. Männer wie beispielsweise der Intendant des Norddeutschen Rundfunks, der Generalinspekteur der Bundeswehr oder der Vorsitzende der Industriegewerkschaft Metall, Männer also, die es in der Hand haben, maßgeblichen Einfluß auszuüben, sind in der Wertskala überhaupt nicht erwähnt."

Spaethen war früher selbst Gewerkschaftsführer gewesen. Einige Zeit nachdem er dies geschrieben hatte, bewarb er sich vergeblich in Berlin um die Präsidentschaft der Technischen Universität. Die Kommentare von Spaethen zur sozial- und gesellschaftspolitischen Situation gehören seit Jahren zu den vernünftigsten. In der zitierten Unmutsäußerung von ihm kam wohl eher symptomatisch ans Licht, was er in vielen Gesprächen mit Politikern, Gewerkschaftsführern und anderen Prominenten außerhalb der Hochschulen beobachtet hatte.

Die Universitätsreformer in der Bundesrepublik schufen also den Einheitsprofessor. Darüber waren sich die Parteien, die Kultusminister, die Burschenschaften ebenso wie die linksradikalen Studenten einig. Innerhalb des Lehrkörpers mußten alle Abstufungen wegfallen. Es darf nur mehr Hochschullehrer geben. Mit dem Vorbild der amerikanischen oder kanadischen Demokratie läßt sich *dieser* Teil der Reform nicht begründen. Dort hat man nämlich die Hochschulhierarchie gerade in jüngster Zeit als *Anspornsystem* für Höchstleistungen über ein ganzes Forscherleben hinweg immer weiter ausgebaut.

Wer heute in den USA den Beruf des Hochschullehrers wählt, wird, ehe er als „full professor" die Spitze erreicht, folgende Stufen durchlaufen: teaching (oder „research") assistant, instructor, assistant professor und associate professor. Tüchtige Glückspilze können manchmal die eine oder andere Stufe überspringen. Über der normalen Endstufe des „full professor" gibt es aber an immer mehr Hochschulen noch eine Elitestufe, die Inhaber eines *„name chairs"* oder einer Sonderprofessur. Diese dokumentieren sich nicht nur im Gehalt, sondern vor allem auch in der Amtsbezeichnung. An größeren Universitäten gibt es jedoch auch Positionen als Endstufen für Dozenten, die aus dem Rennen um die Spitzenpositionen gefallen sind, z. B. den „adjunct professor" oder „lecturer".

Wie sehr man seit dem Sputnik-Schock von 1957 die Hochschullehrerlaufbahn in den USA durch eine *verstärkte Hierarchisierung* attraktiver gemacht hat, zeigen die vielen seither eingerichteten Professuren über der Stufe des „full professor". Mit ihnen bieten sich für diejenigen Wissenschafter, die in Europa Ordinarien mit einem eigenen Institut wären, auch in Amerika Positionen, die an Privilegien, Sachmitteln und Gehalt wesentlich mehr bieten, als der normale „full professor" an derselben Hochschule hat.

So haben immer mehr Universitäten „endowed chairs". Das sind Lehrstühle mit einem eigenen Etat aus Anlagekapital für das Gehalt des Inhabers und neuerdings auch für Sachmittel und Assistentengehälter, über die er frei verfügen kann. Solche Lehrstühle sind meist „name chairs", d. h., sie tragen den Namen des Stifters (Geldgebers). Andere sind zu Ehren eines gro-ßen Gelehrten (etwa Albert Einsteins) benannt, aber von der Universität selbst etatisiert. Der Inhaber eines solchen Lehr-stuhls wird in der Öffentlichkeit stets unter Hinzufügung des Namens seines „chair" genannt, und man erwartet von ihm auch, daß er sich selbst bei Publikationen, Vortragsankündi-gungen, auf seinem Briefpapier usw. als Inhaber des „name chair" bezeichnet. Verheimlichte oder unterschlüge der Inha-ber eines solchen „Namen-Lehrstuhls" diese Auszeichnung, so würde ihm in der Regel von seiner Universität bedeutet wer-den, daß dies keine Geste der Bescheidenheit, sondern ein Af-front gegen den sei, der einst seinen Namen für die Einrichtung des Lehrstuhls gab. An der Harvard-Universität ist z. B. David *Riesman* „Henry Ford II Professor" und John *Galbraith* „Paul M. Warburg Professor". An der Universität von Chicago ist Milton *Friedman* „Paul Snowden Russell Professor", an der City University von New York ist Arthur *Schlesinger* „Schweit-zer Professor". An der Universität von Pittsburgh kann man durch Ernennung zu einem „Andrew Mellon Professor" über die Endstufe eines „full professor" hinausgehoben werden.

Die Position eines weitgehend autonomen Ordinarius im bisherigen mitteleuropäischen Stil oberhalb und außerhalb der Departmenthierarchie wird führenden Gelehrten an manchen amerikanischen Hochschulen auch durch Ernennung zu Son-derprofessuren eingeräumt. Sie heißen dann etwa „professor-at-large", „Regents' Professor" oder „Institute Professor". So ist der Ökonom P. A. *Samuelson* am Massachusetts Institute of Technology, dem Harvard unter den Technischen Hoch-schulen, ein „Institute Professor". Diese Positionen oberhalb der Endstufe des „full professor" ähneln der des Ordinarius. Mit ihnen werben amerikanische Hochschulen untereinander die Spitzenkräfte ab. Bei den Berufungsverhandlungen werden mehr und mehr neben den persönlichen Bezügen auch lehr-stuhleigene Forschungs- und Reisegelder sowie Mitarbeiterge-hälter ausgehandelt, also genau diejenigen Etattitel, die man jetzt bei uns der Gleichmacherei zuliebe aus den Berufungs- und Bleibeverhandlungen herausgenommen hat.

Die allgemein von Europäern so bewunderte Dynamik in Forschung und Lehre an amerikanischen Universitäten, die Beweglichkeit, der Wechsel von Hochschule zu Hochschule läßt sich aber nicht nur auf die zunehmende Zahl der Stufen bis zur absoluten Spitze an Prestige und Gehalt zurückführen, sondern bei den jüngeren Kräften sehr wahrscheinlich auch auf die Abhängigkeit des rangniedrigeren vom ranghöheren Departmentmitglied. Der „teaching assistant" ebenso wie der Forschungsassistent ist meist einem einzelnen Professor zugeteilt (oder wird von diesem aus eigenen Forschungsgeldern bezahlt). Er kann nach wie vor von seinem Professor in jedem Fall frist- und formlos zum Ende eines jeden Semesters entlassen werden. Zum Lehrkörper zählt man erst als „instructor" und danach als „assistant professor", hat aber auch jetzt noch immer nur einen Vertrag auf ein Jahr. Die Entscheidung über seine Erneuerung oder Nichterneuerung fällt meist nur wenige Monate vor dem Ablauf und meist auf Grund des Eindrucks, den der Betreffende bei dem einen oder anderen ranghöheren Departmentmitglied machte. Gelegentlich kommt es zu einer formalen Beratung darüber, an der jedoch die dem zu Beurteilenden Ranggleichen nicht teilnehmen, weil sie ja seine Konkurrenten sind. Einen praktisch bis zum Erreichen der Altersgrenze unkündbaren Vertrag bietet erst der Besitz von „tenure". Dieses Anstellungsmerkmal wird in der Regel erst verliehen, wenn man einige Jahre lang den Rang des „associate professor" innehatte. Einen Rechtsanspruch auf Verleihung von „tenure" gibt es nicht.

Am meisten gehen uns solche Menschen auf die Nerven, die uns etwas zu sagen haben, *ohne* sich durch irgend etwas von uns zu unterscheiden. Man denke nur an den Zank in einer Geschwistergruppe im Alter nahe aneinanderliegender Kinder. Im übrigen würden auch Befunde der vergleichenden Verhaltensforschung an Tieren dafür sprechen, daß die Sichtbarkeit von Rangunterschieden, das unwillkürliche Reagieren auf sie, artvernichtende Kämpfe vermeiden hilft. Seit der Papst den Bischöfen den Thron, den Pfarrern die Kanzel genommen hat, seit der Priester beim sakralen Akt der Gemeinde nicht mehr den Rücken zukehrt, ist es schwieriger geworden, die Autorität der Kirche auch *dort* zu behaupten, wo man sie nicht preiszugeben gesonnen war. Es dürfte deshalb falsch sein, die Würde eines Gerichtes, die Akzeptierung seines Schiedsspruches dadurch wiederherzustellen, daß man den Richtern Titel, Barett und Robe nimmt und sie auf gleiche Ebene mit den vor Gericht Gerufenen plaziert, wie z. B. seit einigen Jahren in West-Berlin üblich. Eine Gerichtsverhandlung als Rundtischgespräch Gleichrangiger wird so viel Recht in der Welt schaffen wie die UN Frieden. Es war gerade die eindrucksvolle soziale Distanz, besonders etwa britischer und amerikanischer Gerichte, die bisher die Rechtsprechung selbst bei höchst unpopulären Urteilen ohne Zuhilfenahme von Polizei und Militär vonstatten gehen ließ.

Heute spielt sich ein guter Teil des öffentlichen Lebens im Zeichen des Imponiergehabens ab, über das vergleichende Verhaltensforscher aus dem Tierreich viel erzählen können. Der 20jährige Berufsdemonstrant, mit einer Bart- und Haartracht wie für die Premiere in Oberammergau, will der glattrasierten Leistungsgesellschaft imponieren. Es ist naiv, zu glauben, er würde sich bei seinen Gastspielen im Gerichtssaal besser benehmen, wenn man, nicht zuletzt ihm zuliebe, die Richter auszieht. Zu einer Zeit, da der älteste „Zopf" des Mannes, der Bart, als Statussymbol patzig Urstände feiert, könnte man eigentlich auch den Mut zur Amtstracht haben. Die Autoritätskrise ist also vermutlich eher begünstigt durch den Egalitarismus, die Abschaffung der Symbole sozialer Distanz.

Die jüngsten Entwicklungen in den westlichen Gesellschaften würde ich zum Teil als einen Rückfall in archaische Verhaltensformen der Naturvölker ansehen. Die Frage ist aber, *weshalb* sich in der heutigen Industriegesellschaft dieser Einbruch des Pueril-Primitiven ereignet. Sehr wahrscheinlich hat die Verhätschelung und Stilisierung der Jugend an sich, ausgehend von den Vereinigten Staaten, gefördert durch einige Theorien der Psychoanalyse und der von ihr beeinflußten „progressiven" Kindererziehung mitgewirkt. Die Wohlstandsgesellschaft hat die Phase der „Kindheit" großzügig verlängert, zugleich aber den Jugendlichen fast alle Symbole des Arriviertseins zugänglich gemacht. An diesem Kontrast entfacht sich trotzige Selbstüberschätzung. Es könnte sogar sein, daß Autorität seelisch besser ertragen wird, weniger „frustrierend" oder „provozierend" wirkt, wenn sie äußerlich deutlich sichtbar ist, wenn sie nicht alle Symbole sozialer Distanz aus einem schlechten Gewissen über die Notwendigkeit von Autorität und Entscheidungsbefugnis ablegt.

# 8. „Modernitätsrückstand":
## Die Verleumdung unseres Bildungswesens

Die zweifellos größte Rolle bei der Erzeugung eines schlechten Gewissens bei uns spielte seit ziemlich genau zehn Jahren der angebliche Modernitätsrückstand unseres Bildungswesens. Und auf wohl keinem anderen Gebiet ist es auch gelungen, über die dem suggerierten, oft mit bewußt irreführenden Statistiken eingeflößten schlechten Gewissen folgende Unsicherheit Hals über Kopf sogenannte Reformen jeder Art einzuleiten, die in erster Linie sich zugunsten radikaler Gesellschaftsveränderer auswirken. Seit 1966 habe ich in zahlreichen Veröffentlichungen vor dieser Manipulation der deutschen Bildungssehnsucht gewarnt.

Mein Bedenken richtet sich gegen die Forcierung und Dramatisierung des Bildungsproblems, weil unbeabsichtigte Nebenwirkungen sehr oft auftreten, wenn die Gesellschaftskritik sich vornehmlich *einer* Einrichtung in der Gesellschaft bemächtigt. Längst kann jeder Schüler, der nicht zurechtkommt, sich auf die Bildungsnotstandsideologien berufen. Züchten wir hier nicht einen Alibikomplex für gerade solche Schüler heran, die ihn am wenigsten beanspruchen dürften? Jedenfalls kann man von einem Bildungsnotstand oder einer Bildungskatastrophe nicht wie von einer Heizöl- oder Arzneimittelversorgungskatastrophe sprechen. Bildung läßt sich nicht wie ein beliebiges Gut im volkswirtschaftlichen Sektor verteilen.

Bildungsrückstand ist nach wie vor ein Schlagwort der Gesellschaftskritik. Diese braucht Vergleichsbasen. Wir wollen deshalb auf irreführende Vergleiche mit dem Bildungswesen in den Vereinigten Staaten eingehen.

Wie fragwürdig der bisherige internationale Bildungsvergleich gewesen ist, zeigt sich schon daran, daß auf der einen Seite die Amerikaner die Schwächen ihres Bildungs-, vor allem auch ihres Berufsbildungssystems an den, von ihnen aus gesehen, Vorzügen mitteleuropäischer Systeme wie dem der Bundesrepublik Deutschland oder der Schweiz messen; auf der andern Seite hat die Bundesrepublik die vermeintlichen Schwächen ihres Bildungssystems an amerikanischen Erfolgszahlen gemessen. In jüngster Zeit geben freilich manche unserer Bildungsforscher zu, daß dieser bisherige internationale Bildungsvergleich oft irreführend gewesen sei und völlig unvergleichbare Daten verglichen habe. Beispielsweise haben unsere führenden Bildungskritiker zwischen 1964 und 1968 jeden unbeschäftigbaren Halbanalphabeten in Amerika, der zwölf Schuljahre abgesessen hatte, dem Prozentsatz von Angehörigen eines Jahrgangs zugerechnet, die angeblich dort die Reifeprüfung beständen. Wie unsinnig das gewesen ist, zeigt auch die Tatsache, daß in den sechziger Jahren jährlich Hunderttausende junger Amerikaner, die man mit ihren zwölf Vollzeitschuljahren bei uns als „Abiturienten" in der vergleichenden Bildungsstatistik mitmarschieren ließ, von der amerikanischen Armee als untauglich eingestuft wurden, nicht aus körperlichen Gründen, sondern weil ihre Schreib-, Lese- und Rechenfertigkeiten nicht den Mindestanforderungen für einen Rekruten entsprachen. Sehr verschämt und meist nur für Eingeweihte verständlich geben das unsere Bildungsforscher neuerdings zu. Es läßt sich denken, welcher Fehlansatz in unserer Bildungspolitik der sechziger Jahre durch solche Fehler im internationalen Bildungsvergleich geschaffen worden ist.

Viel sinnvoller ist es, verschiedene Länder nach dem zu vergleichen, wozu die ausgebildeten Menschen gebraucht werden, für welche Aufgaben sie befähigt sind, wo und wie sie beschäftigt werden können. Man muß auch die Leistungsfähigkeit der Wissenschaft und der Wirtschaft, die Fähigkeit, ganz neue Technologien und Verfahren aus anderen Ländern rasch zu übernehmen, vergleichen. Schneidet an Hand solcher Kriterien die Bundesrepublik, obwohl ihr Bildungswesen eine andere

Struktur hat als das mit ihr verglichene Land, gut ab, so folgt daraus doch keineswegs, daß sie noch besser dastände, wenn sie nun auch noch das Bildungssystem des anderen Landes kopierte. Ich halte daher die These im 1971 veröffentlichten Prüfungsbericht des Bildungsausschusses der Organisation für wirtschaftliche Zusammenarbeit und Entwicklung (OECD) für unerwiesen, wonach die deutsche Wirtschaft, die, wie es dort wörtlich heißt, zu den erfolgreichsten und modernsten Volkswirtschaften in der Welt gehöre, zugleich ein Bildungswesen habe, das den wirtschaftlichen und gesellschaftlichen Erfordernissen der Gegenwart nicht mehr gerecht werde.

Beliebt sind auch seit zehn Jahren ehrlich besorgte oder auch arrogant fordernde Vergleiche des Prozentsatzes vom Bruttosozialprodukt, der in der Bundesrepublik für Bildung ausgegeben wird, mit den entsprechenden Verhältniszahlen anderer Länder. Am häufigsten ist der Vergleich mit den USA. In Leitartikeln, in Büchern zur Sozialkunde für unsere Schulen, in Parteiprogrammen und natürlich in den Pamphleten der Bildungssoziologen wird mit diesen Verhältniszahlen gearbeitet, als ob es sich um selbstevidente, wissenschaftlich feststehende Daten handelte, die weder Erläuterung noch Prüfung brauchten.

Ich halte gerade diesen Ansatz des internationalen Bildungsvergleiches für wertlos, ja für groben Unfug. Der für Bildung ausgegebene Teil des Bruttosozialproduktes beträgt meistens um fünf Prozent. Solche Werte liegen aber bereits innerhalb der Fehlergrenze, die zuständige Nationalökonomen auf diesem Gebiet heute selbst den neuesten Verfahren zur Bestimmung des Bruttosozialproduktes einräumen. Vergleiche der Prozentsätze des Bruttosozialproduktes, die in den verschiedenen Ländern für das Erziehungswesen ausgegeben werden, würden aber doch voraussetzen, daß dieses jährliche Gesamt-Volkseinkommen genau errechnet werden kann; anderenfalls wäre es ja völlig bedeutungslos, zu erklären, in den USA hätte man in einem Stichjahr 6,2 Prozent und in der Bundesrepublik nur 3,7 Prozent für Bildung ausgegeben.

Tatsächlich haben führende Wirtschaftsstatistiker der USA,

wie Prof. Oskar Morgenstern von Princeton oder Professor S. Kuznets von Harvard, in neueren Veröffentlichungen erklärt, daß bei der Schätzung des amerikanischen Sozialprodukts in jedem Falle eine Irrtumsspanne von im Durchschnitt zehn Prozent angenommen werden muß. Kuznets hat gezeigt, daß der Irrtum so groß sein kann wie die Gesamtjahresproduktion der Elektroindustrie in den USA oder zweimal so groß wie der Gesamtumsatz von General Motors, des größten Industrie-Unternehmens der Welt. Morgenstern wirft die Frage auf, weshalb man diesem Bruttosozialprodukt in öffentlichen Statistiken, im nationalökonomischen Unterricht und in der Wirtschaftswelt eine nahezu religiöse Aufmerksamkeit widmet, als ob Schwankungen von einigen Prozent nach oben oder unten irgendeine überzeugende Beziehung zur wirtschaftlichen und sozialen Wirklichkeit des Landes hätten.

Kein Mensch kann wissen, ob – relativ gesehen – die USA nicht sogar weniger für Bildung ausgeben als die Bundesrepublik. Jedenfalls wäre eine solche Behauptung auf Grund der vorhandenen Daten und bei Berücksichtigung der möglichen „Toleranzen" mit gleichem Recht zu verfechten wie die umgekehrte.

Zwischen 1955 und 1965 gab es in den Vereinigten Staaten eine interne Debatte darüber, ob für das Bildungswesen genug ausgegeben würde. Sehr bald erkannte man, daß man wohl absolut mehr ausgebe als irgendein anderes Land, daß aber der Nutzeffekt dieser Ausgaben höchst ungewiß sei. Hier sollte man einhaken und mit der Möglichkeit rechnen, daß ein Land etwa den im Vergleich zu uns doppelten Prozentsatz des Sozialproduktes für sogenannte Bildung ausgeben kann und doch nur das gleiche oder sogar weniger erreicht. Man kann sich z. B. vorstellen, daß in einem Land innerhalb von fünf Jahren zwecks Angleichung der Lehrergehälter an die durch Gewerkschaftsdruck nach oben geschnellten Löhne der Industriearbeiter eine fünfzigprozentige Gehaltserhöhung stattfindet, die auf Kosten der Bildungsausgaben geht, ohne daß die Zahl der Lehrer aber damit vergrößert würde. Es ist kaum anzunehmen, daß die Effektivität eines Lehrers, der endlich die Einkommenshöhe eines

Facharbeiters in Amerika erreicht hat, dadurch unvermittelt größer wird. Und doch würde die Statistik ausweisen, daß das fragliche Land weitere Prozente des Bruttosozialproduktes auf dem Bildungssektor ausgegeben hat.

Wenn man schon statistische Bildungsvergleiche anstellen will, müßten ganz andere Dinge berücksichtigt werden. So erfüllt beispielsweise der aufwendige sportliche Wettkampf zwischen den öffentlichen und privaten Schulen Amerikas, gerade auch bei den Schulen für die Jugendlichen vom 9. bis zum 12. Schuljahr, eine überdimensionierte soziale Funktion, die als ausgesprochen bildungshemmend gilt. Das obligate Stadion mit riesigen Zuschauertribünen, Parkplätzen und Beleuchtungsanlagen für nächtliche Spiele, das man heute selbst bei entlegenen „High Schools" in der Provinz findet, kostet oft mehr als der gesamte übrige Schulkomplex. Ähnlich liegen die Dinge bei den nötigen Parkplätzen für die älteren Schüler.

Man könnte nun, werden manche einwenden, die absoluten Summen, die für das Schulwesen in Amerika und Deutschland ausgegeben werden, nehmen und einfach pro Kopf der Bevölkerung umrechnen. Aber auch das wäre wenig sinnvoll, solange man nicht wüßte, ob in den zu vergleichenden Ländern überhaupt jeweils dieselben Ausgabenposten in der Rubrik Schulwesen und nur in der Rubrik Schulwesen erscheinen. Wer beispielsweise erlebt hat, wie jeden Morgen und Nachmittag das riesige Gebiet der USA überall von Schulautobussen wimmelt, die laut Gesetz jeden Schüler vom fünften bis zum 18. Lebensjahr unentgeltlich zweimal am Tag befördern müssen, wenn sein Schulweg über eine gewisse nominelle Entfernung hinausreicht, wird nach den Kosten fragen. Sie erscheinen in der Statistik unter den Auslagen der Schulsysteme, die sämtliche Auslagen für dieses Transportunternehmen, vom Benzin bis zum Fahrerlohn, Reparatur und Amortisation des Wagenparks usw., tragen müssen.

Die geringere geographische Ausdehnung Deutschlands macht nicht nur einen Teil dieser Ausgaben unnötig, so daß ihr Auftreten in Amerika dort keineswegs als eindrucksvolle Zusatzausgabe für Bildung angesehen werden darf, sondern entsprechende Ausgaben für den Transport der Schuljugend in Deutschland werden von der Öffentlichkeit getragen, sind aber in der Statistik nicht in der Rubrik Bildungswesen, wie in Amerika, zu finden. Ich meine die Ermäßigung für Schüler, Lehrlinge und Studenten auf den öffentlichen Verkehrsmitteln. Man müßte den hier von der Öffentlichkeit geleisteten Zuschuß zum Bildungswesen – und zahlreiche ähnliche Subventionen der Bildung – erst errechnen und zusammen mit den privat getragenen Fahrtkosten den anderen Ausgaben zuschlagen, ehe ein Vergleich zwischen deutschen und amerikanischen Ausgaben für das Bildungswesen annähernd erörtert werden könnte.

Viel wesentlicher dürfte jedoch sein, daß beim Bildungsvergleich USA – BRD über Bruttosozialprodukt die bei uns außerhalb der Schule geleistete Berufsausbildung unberücksichtigt bleibt. Die Kosten der Lehrlingsausbildung bei uns werden nicht als Bildungsausgabe verbucht. In den USA fehlt diese außerschulische Berufsausbildung der 14- bis 18jährigen zugunsten eines Gesamtschulapparates für alle 14- bis 18jährigen, den jeweils 30 bis fast 50% der Schüler vorzeitig verlassen, ohne aber dann in eine direkte Berufsausbildung in einem Betrieb überwechseln zu können. Die sehr hohen Kosten dieser Gesamtschule fürs 9. bis 12. Schuljahr, deren berufsbildende Leistung minimal ist, werden aber als amerikanische Bildungsausgabe verbucht.

Wenn man all diese Unterschiede im Bildungswesen der einzelnen Länder entsprechend berücksichtigt und dabei auch die bildungsirrelevanten Ausgaben im amerikanischen Bildungssektor vom Vergleich der Anteile für Bildungsausgaben am Bruttosozialprodukt ausklammerte, bliebe von dem immer wieder konstatierten Unterschied kaum etwas übrig. Jedenfalls nicht genug, um ein bildungspolitisches Mandat für bestimmte Ausgabenziele daraus abzuleiten.

Und was meint man überhaupt mit „Bildungs"-planung? Ernsthaft sprechen kann man höchstens über Ausbildungsplanung. Aber was ist daran planbar?

Erstaunlicherweise etablierten sich die Bildungsplaner im öffentlichen Bewußtsein gerade zu der Zeit, zu der man die Unmöglichkeit einer erfolgreichen Wirtschaftsplanung sogar schon in einigen sozialistischen und kommunistischen Ländern begriffen hatte. Weshalb soll nun ausgerechnet der „Ausstoß" von Trägern des Ergebnisses verschiedener (Aus)bildungsprogramme planbarer sein als die Produktions- und Verteilungsprozesse auf dem materialen wirtschaftlichen Sektor?

Neue Studienwege, Lehrpläne und -verfahren werden nicht geplant, sondern entworfen, erarbeitet, so gut es eben geht. Danach kann man nur hoffen, daß sie in der Praxis, im täglichen Wechselspiel zwischen Lernenden und Lehrenden, mit unterschiedlichen Abstrichen und Kompromissen, als partielle Wegweiser oder Landkarte dienen. Weder die Fächer- und Berufswahl der Schüler noch die des Lehrernachwuchses lassen sich planen; man könnte diese individuellen Wahlakte vielleicht durch finanzielle Prämien lenken. Die Erfolge dieser Methode sind in den Vereinigten Staaten nicht ermutigend gewesen, und im übrigen würde sie bei uns als „politisch unmöglich" gelten.

Dort aber, wo mit Bildungsplanung einfach die Verplanung von steigenden Geldzuweisungen an den Sektor (Aus)bildung gemeint ist, sind die Schwierigkeiten kaum geringer. Ob man nun x Milliarden für den Bildungssektor im Jahr 1980 ansetzt oder x Prozent vom Bruttosozialprodukt, beides erbringt keineswegs notwendigerweise errechenbare und definierbare zusätzliche oder optimale (Aus)bildungsergebnisse. Auch hier könnte das amerikanische Beispiel zweier Jahrzehnte ernüchternd wirken.

Es ist nicht einmal so sehr die Frage, ob die Mittel vorhanden oder abzweigbar sein werden und ob sie am Ende das an „Bildungskaufkraft" haben werden, was sie im Zeitpunkt der Planung zu haben schienen. Die Gefahr besteht vielmehr in der Überschätzung der Absorptionsfähigkeit der Bevölkerung, der Lehrer und Schüler sowie der sonstigen ausbildungsnahen Infrastruktur. Das hat sich bei der Entwicklungshilfe in den letzten 20 Jahren zur Genüge erwiesen, aber auch bei der Bildungsfinanzierung in den Vereinigten Staaten.

Nehmen wir zum Beispiel den naturwissenschaftlichen Unterricht an den höheren Schulen, der heute unzureichend ist.

Der Gesamtbildungsplaner beschließt also, in möglichst kurzer Frist das Land mit der mehrfachen Zahl von neuen Laborräumen (Biologie, Chemie, Physik) zu versehen. Die Lehrmittelindustrie würde vielleicht fristgerecht liefern, aber schon fehlen die örtlichen Handwerker, um die Pracht einzubauen.

Endlich, mit einigen Jahren Verspätung, hat man die didaktische Infrastruktur für den naturwissenschaftlichen Unterricht massiv erweitert. Aber wo bleiben die Schüler und Lehrer für sie? Die Schüler haben längst gemerkt, daß man an Stelle der abwählbaren unangenehmen naturwissenschaftlichen Fächer und der Mathematik auch mit modischen weichen Fächern (etwa aus H. von Hentigs Katalog: Rhetorik, Politik, Soziologie, Ökonomie, Arbeitslehre und dergleichen) ein Abitur bauen kann. Die Lehrer, die einen brauchbaren naturwissenschaftlichen Unterricht hätten erteilen können, sind noch spärlicher geworden. So wird die Gesamtschule mit ihrem Einheitslehrer, ihrer systemimmanenten Insolenz der Schüler und obendrein der Pflicht, diese in einer Ganztagsschule 50 Wochenstunden lang um sich zu haben, unter den Studenten der Naturwissenschaften die meisten von denen abgeschreckt haben, die, bliebe das echte Gymnasium erhalten, vielleicht noch den Studienrat als Beruf gewählt hätten.

Planung setzt Entscheidungs- und Korrekturmöglichkeiten voraus. Man muß nicht nur den Zeitpunkt bestimmen können, zu dem die zu planenden Einheiten in den Prozeß eintreten, sondern auch, wie lange sie darin verweilen dürfen und auf Grund welcher Kriterien untaugliche Einheiten ausgeschieden werden können. Diese Grundvoraussetzungen für jede Planung im eigentlichen Sinne des Wortes fehlen uns bzw. werden im Zuge der jetzt sich abzeichnenden Bildungsreformen an den Hochschulen völlig preisgegeben.

Man kann zwar das Alter für die Pflichtvorschule dekretieren oder die Kürzung der Sekundarschulzeit, aber offensichtlich nicht die Verweildauer im Hochschulbereich, wie immer er am Ende aussehen mag. Selbst die bescheidenste Reform zum Zweck eines zügigeren Studiums, zur Entlastung der Hochschulen scheitert am neuen faktischen Vetorecht der Studenten.

Wie man angesichts dieser Strömungen glaubt, einen Bildungsplan im Hochschulbereich anwenden zu können, ist rätselhaft. Denn jede zentrale Planung (deren Notwendigkeit m. E. nicht erwiesen ist) schließt unplanbare, punktuell abweichende Mitbestimmung der in die Planung einbezogenen Individuen aus. Die Bildungspolitik der letzten Jahre hat sich aber auf die Förderung zweier einander ausschließender Ziele festgelegt:

Auf der einen Seite möchte man den gesamten Ausbildungsapparat, vor allem im Hochschulbereich, für eine zentrale langfristige Planung in den Griff kriegen: wer was wann wo wie lange auf welche Weise studieren kann, soll bundeseinheitlich festgelegt werden. Auf der anderen Seite aber räumt ein Universitätsgesetz nach dem anderen den noch in Ausbildung Befindlichen (in der Praxis: einer politisch militanten Minderheit unter ihnen) eine Mitbestimmung mit Vetocharakter in all den Gremien an den Hochschulen ein, in denen auch gegen den Willen und die privaten Neigungen der in Ausbildung Befindlichen die Studiennormen und -bedingungen festgelegt und überwacht werden müßten, wenn der Gesamtplan auch nur annäherungsweise verwirklicht werden soll.

Zur heutigen Selbstbezichtigung gehört regelmäßig auch die Kritik am *Bildungsföderalismus* in der Bundesrepublik. Äußerungen wie diese sind beliebt: „Wenn die Länder allein den Rahmen ihrer Kulturhoheit nicht ausfüllen können, müssen Mittel und Wege gefunden werden, um die anstehenden nationalen Bildungsaufgaben dem Bund zu übertragen." Prof. Leonhard Froese (Universität Marburg) sagte vor einigen Jahren: „Im Zeichen zunehmender Europäisierung ist es erforderlich, unser Bildungswesen von seiner nationalstaatlichen auf die supra- bzw. intrastaatliche Verfassung umzustellen." Ein Grund für diese Integration und Harmonisierung wäre z. B. – wie er meint – die Notwendigkeit eines Abschlußzeugnisses, das in sämtlichen Ländern gleichviel gilt. Aber eigentlich leistet das Abitur dies ja auch heute schon weitgehend.

Aus dem unterstellten Bedürfnis für eine Integration der Bildungssysteme leitet Froese die Übertragung der Länderkompetenz für das Bildungswesen auf den Bund ab: „Die erwähnten industriellen, gesellschaftlichen, internationalen und europäischen Komponenten lassen eine bildungspolitische Kompetenz des Bundes unumgänglich und überfällig erscheinen." In dem gleichen Aufsatz sagt er jedoch, wir müßten unbedingt den „Anschluß an das Bildungssystem der Vereinigten Staaten erzielen". Aber auch in Äußerungen anderer Bildungssoziologen, Pädagogen und Bildungspolitiker finden wir immer diesen Widerspruch: Es heißt einerseits, der Föderalismus im Bildungswesen der Bundesrepublik sei nicht modern, er sei schuld an allen möglichen Rückständen, Reibungsverlusten u. ä., aber im gleichen Aufsatz findet sich dann die Bemerkung: Wir müssen uns an das amerikanische Vorbild halten. Aber einen extremeren und in gewissem Sinne groteskeren Föderalismus als den amerikanischen gibt es nicht! Wir haben elf Länder für rund 60 Millionen Einwohner. Die Vereinigten Staaten mit über 200 Millionen Einwohnern haben fünfzig Gliedstaaten, von denen jeder in seiner Bildungshoheit völlig autonom ist. Wir haben eine Ständige Kultusministerkonferenz. Davon kann in den Vereinigten Staaten keine Rede sein. Die obersten Erziehungschefs der fünfzig Gliedstaaten denken nicht an regelmäßige Absprachen und Koordinierung. Innerhalb eines jeden dieser fünfzig Gliedstaaten besteht die weitgehende bildungspolitische Autonomie der einzelnen Schulbezirke. Es kann sich hier um eine Stadt mit mehreren Millionen Einwohnern handeln, es kann sich aber auch um ein kleines Dorf oder um die Landbevölkerung eines Kreises handeln. Wo immer in den Vereinigten Staaten ein Schulbezirk besteht, haben die Wähler dieses Schulbezirks in Schulfragen das letzte Wort. In Kalifornien gibt es über 200 solcher Schulbezirke, und in jedem einzelnen muß abgestimmt werden, ob das jeweilige Schulsystem im nächsten Jahr eine Schuldverschreibung ausgeben darf, dies oder jenes bauen, die Gehälter der Lehrer erhöhen oder sonst irgendeine schulpolitische Maßnahme treffen darf. Es gibt ein Bundesamt für Erziehung, das im wesentlichen nur Statistik sammelt und publiziert, aber *keine* Weisungsbefugnis hat.

Der internationale Bildungsvergleich ist geradezu ein masochistischer Reflex geworden. Was immer es auch sei: Andere Länder machen es möglich, nur die geizige Bundesrepublik nicht. Schlaglichtartig zeigt sich das immer wieder auch an hochgespielten Einzelfällen. So ging 1966 z. B. eine Meldung durch die Presse. Ein 23jähriger Mann, der gelähmt ist und im Rollstuhl sitzen muß, habe „die Bundesrepublik verlassen, weil er an deutschen Universitäten mit seinem Gefährt nicht in die Hörsäle fahren kann. Er will sein Studium jetzt in Los Angeles an der Universität für Körperbehinderte beginnen. Er gehörte 1965 zu den fünf besten Abiturienten Bayerns und besitzt ein Stipendium für besonders Begabte".

Dieser junge Mann mag gute Gründe gehabt haben, nach Kalifornien zu gehen. Man kann ihm das Klima dort gönnen. Wer möchte schon bei uns Schnee und Eis in einem Rollstuhl erleben. Er mag noch andere Gründe haben. Man müßte sein Studienziel, seine Fächerwahl kennen. Aber ich kann mir nicht vorstellen, daß er die Rhetorik der Meldung gewollt oder gebilligt hat: „... weil er an deutschen Universitäten mit seinem Gefährt nicht in die Hörsäle fahren kann!"

Kann nicht oder darf nicht? Kaum das letztere. Vor vierzig Jahren gab es im Hauptgebäude der Münchener Universität bereits einen kleinen Lift, zu dessen Benutzung körperbehinderte Studenten einen Schlüssel bekommen konnten. Gibt es ihn nicht mehr? Aber in den Neubauten der deutschen Universitäten habe ich große Aufzüge gesehen, die sogar drei Rollstühle gleichzeitig beherbergen würden. Woran liegt es also?

Vielleicht bietet ein Bild die Erklärung, das die Entrüstung heischende Meldung mir ins Gedächtnis zurückrief; ein Bild, das ich vor Jahren in Amerika oft gesehen habe. Auf den Treppen des Hörsaalgebäudes kam mir ein alter Mann entgegen. In den Armen trug er seinen erwachsenen Sohn. Dieser war von der Hüfte abwärts gelähmt. Beide lächelten mir jedesmal zu. Nicht tapfer und verbissen, sondern gelöst und zuversichtlich. Niemand bestaunte die beiden. Später nahm der junge Mann in seinem Rollstuhl auch ein Semester lang an einer Vorlesung von mir teil.

Auch in Amerika kann man nicht überall von der Straße aus im Rollstuhl in den Hörsaal fahren. Ich lehrte an einer Universität, wo man es nirgends konnte. Aber jener junge Mann studierte doch. Ich konnte seinen Universitätsbesuch über fünf Jahre hinweg beobachten. Am Morgen fuhr ihn sein Vater, ein weißhaariger Mann, mit dem Auto nahe ans Gebäude heran. Zuerst trug er den zusammenklappbaren Rollstuhl aufs gewünschte Stockwerk. Dann kam er wieder und trug seinen Sohn hinterher. Mittags holte er ihn in der gleichen Weise wieder ab. War am Vormittag ein Stockwerkwechsel nötig, so kam der Vater auch dazu kurz von seiner Arbeit herübergefahren.

So studierte dieser junge gelähmte Mann. In Amerika. Sein Vater half ihm, nicht die „Gesellschaft": fünf Jahre lang, neun Monate im Jahr, fünf Tage in der Woche. Der junge Mann schloß sein Studium mit Erfolg ab. Er wurde Jurist. Die Universitäts- und Lokalzeitung brachte sein Bild mit einer kurzen Notiz. Man erwähnte auch lobend den Vater. Aber im Grunde machte man kein großes Aufheben. Irgendwie hielt jeder das Ganze doch für selbstverständlich.

Ist es unseren „Amerika-du-hast-es-besser"-Klägern je ein- oder aufgefallen, daß Amerika so vieles möglich macht, weil dort jeder selbst, für sich und für seine nächsten Angehörigen, schweigend, selbstverständlich, unaufgefordert, über Jahre hinweg, das tut, was man in Europa längst sich angewöhnt hat, von „der Gesellschaft", vom Staat, von der „Öffentlichkeit" zu verlangen?

Vielleicht hatte jener junge Mann in München keinen Vater oder Bruder, der ihm in den Hörsaal helfen kann. Vielleicht hätte man zu seinem Stipendium noch einen Betrag zuschlagen sollen, der während des Semesters für ein bis zwei Stunden am Tag die Dienste eines Trägers bezahlt. Das ist nicht die entscheidende Frage. Aber wissen sollte man, daß man auch in Amerika in der Regel nicht im Rollstuhl in die Hörsäle fahren kann, wenn nicht ein anderer erst den Stuhl und danach den Gelähmten die Treppen hinaufträgt. In Amerika kommt dieser andere meistens aus der eigenen Familie. Wäre es anders, würde man sich wundern.

Noch ein Beispiel: Die Fülle der Stipendien fängt in den USA erst für solche an, die 12 Schuljahre und 8 Semester College hinter sich haben. Für die Bildungsjahre der 18- bis 23jährigen sind sie äußerst dünn gesät. Aber die meisten amerikanischen Familien mittlerer Einkommenslage schätzen sich glücklich, wenn ein College den Sprößling, Bub oder Mädchen, überhaupt aufnimmt. Vorsorglich hat man sich gleichzeitig bei einigen solcher Schulen um Zulassung beworben. Und ist man endlich zugelassen, so beträgt das Schulgeld – Studiengebühr allein, nicht der Unterhalt – pro Jahr (zwei Semester) und pro Student heute schon 10 bis 20 Prozent vom Bruttoeinkommen einer gutsituierten Mittelklassefamilie.

Die ,,Bildungsauslage" ist von der US-Einkommensteuer nicht absetzbar. Der Finanzbehörde gilt sie als *ordinary living expenses,* das heißt als etwas, das nun einmal zum Leben gehört, das jeder für sich trägt. Zwei Kinder gleichzeitig auf dem College sind eine Katastrophe. Meistens schafft man es aber doch irgendwie. Man läßt das Reisen bleiben. Mutter geht wieder arbeiten: ins Büro oder als Verkäuferin in der Schicht von 17 bis 21.30 Uhr in ein Warenhaus. Oft hat man auch bei Geburt des Kindes eine Lebensversicherung abgeschlossen, die nach 18 Jahren Laufzeit, zum Zweck der College-Finanzierung, ausgezahlt wird.

Und selbst die Bezieher von Stipendien müssen daraus an den meisten Hochschulen zunächst auch die Studiengebühren bezahlen. Diese sind an privaten Hochschulen für unsere Begriffe schwindelerregend hoch, aber auch an den staatlichen Hochschulen, vor allem für Studierende, die nicht aus dem Gliedstaat stammen, wo die Hochschule liegt, spürbar. Eine völlige Schul- und Studiengebührenfreiheit, wie sie in der Bundesrepublik ungeachtet der wirtschaftlichen Lage der Familie für In- und Ausländer besteht, ist eine Großzügigkeit im Umgang mit Steuergeldern, die Amerikaner, wenn sie davon hören, zunächst nicht einmal glauben können. In eben dieser Bundesrepublik aber gehört die Mär vom ,,armen" Staatshaushalt und vom vernachlässigten Bildungssektor seit Jahren zur wehleidigen ritualistischen Selbstbezichtigung.

# 9. Wozu hat man Eltern?

Heutige Zukunftsplaner, also die Zunft der Futurologen, haben eine bemerkenswerte Fähigkeit, aneinander vorbeizuprojizieren: Der fortwährend „mündigere“, emanzipiertere, gebildetere und von immer mehr Freizeit bedrohte Mensch soll nach Ansicht der Bildungsplaner zunehmend von jener Aufgabe befreit, gegen seinen Willen ausgeklammert, ja vertrieben werden, die ihm seine größere Freizeit und Bildung in den kommenden Jahrzehnten eigentlich gestatten würden, in hervorragender Weise *selbst* wahrzunehmen: die außerschulische Bildungsarbeit an den eigenen Kindern.

Es gilt als ungemein sozial fortschrittlich, eine Maximalbeschulung aller Kinder nach dem Gießkannenprinzip zu fordern. Weil vielleicht ein winziger Prozentsatz eines jeden Jahrgangs durch eine auf seine Mängel hin gezielte Vorschule und eine allgemeine Ganztagsschule gefördert werden kann, sollen grundsätzlich alle Kinder, gleich welchen Elternhauses, obligatorisch vom fünften Lebensjahr an gleichmäßig „beschult“ werden.

Wozu hat man eigentlich Eltern? Oder andere Verwandte, Onkel, Tanten, erwachsene Geschwister? Es ist eine merkwürdige Entwicklung: Je mehr Freizeit die Erwachsenen haben, desto weniger, so glauben manche Bildungsplaner, dürfe man ihnen Informationsaufgaben für die eigenen Kinder belassen. Unter immer größeren Kosten und zu Lasten eigentlicher Schulfächer sollen diese ursprünglichen Funktionen der Familie von der Schule übernommen werden. Was sollen und dürfen denn die Väter und Mütter der 40- (und später vielleicht 35-)

Stunden-Woche denn noch mit ihren Sprößlingen treiben? Besteht denn in einer Arbeitswelt, die immer mehr Freizeit gewährt, überhaupt eine Berechtigung für eine stetige Ausdehnung der schulischen „Betreuung" der Jugend?

Es ist ein merkwürdiger Zug unserer Zeit, immer mehr von einigen wenigen staatlichen Einrichtungen zu erwarten, zu verlangen. Manchmal gehen die Wünsche nicht allein von experimentierfreudigen Pädagogen aus, sondern von einer unzufriedenen Jugend. Entweder wissen sie nicht, welche Quellen für das verlangte Sonder- oder Allgemeinwissen vorhanden sind, oder sie lehnen diese verächtlich ab. Studenten fordern das Studentengehalt vom Staat, ohne Rücksicht auf Vermögenslage der Eltern, weil es eine „unwürdige Abhängigkeit" sei, das Studium vom Vater bezahlt zu erhalten. Vielleicht scheuen sich manche nicht nur, finanzielle Mittel von den eigenen Eltern entgegenzunehmen, sondern auch diejenigen Kenntnisse und Fertigkeiten, die zum heutigen Leben gehören? Es ist kurios, wie sehr sich die mißmutigen, ihrer elterlichen Generation sich geziert entfremdet gebenden Jugendlichen, Gymnasiasten und Studenten in dem Maße, in dem sie den Staat in Frage stellen, sich zugleich auch für die letzten Belange der eigenen Person und Zukunft an eben diese staatlichen Organe und Finanzierungsquellen klammern.

Vor einiger Zeit führte ein Beamter eines Kultusministeriums ein Gespräch mit Gymnasiasten. Er wollte wissen, so las man es in der Zeitung, was ihnen am Unterricht nicht paßt. Die Schüler klagten: Was sollen wir mit Cicero und Horaz, mit Faust und Novalis, mit Westfälischem Frieden und Dreibund, wenn uns keiner im Gymnasium sagt, so wörtlich die Armen, „wie man z.B. ein Bankkonto eröffnet". Als der Gesprächspartner meinte, das sei nicht die Aufgabe der höheren Schule, zischten sie.

Je emanzipationssüchtiger unsere Jugend in den letzten Jahren geworden ist, desto mehr meint sie, unlogischerweise, alles, was sie je zu wissen braucht, müsse vom Staat in sie eingeträufelt werden. Nach den Schulbüchern soll nun auch die Lebenspraxis frei und bequem kommen. Man wünscht Hilfe nicht nur beim Bankverkehr, sondern auch beim Geschlechtsverkehr. Mir scheint, die Schule hat für diese Dinge ebensowenig einen Lehrauftrag wie für einen Unterricht im Fahrplanlesen oder im Buchen von Flugkarten.

Weiß wirklich kein Unterprimaner, daß er nur in die nächste Bank oder Sparkasse gehen muß, um sich erklären zu lassen, welche Arten von Konten es gibt und wie man sie eröffnet? Die heutige kundenorientierte Marktwirtschaft bietet Informationen und Unterweisungen für zweckentsprechendes Verhalten in der heutigen Welt in hundertfacher Form an. Wenn sich unser Schüler nicht gerade die Zeit vor Betriebsschluß aussucht, wird er alles Wissenswerte über Aktien, Bausparverträge und Goldmünzen am Schalter erfahren können. Trifft er einmal auf einen wenig lehrbeflissenen Schalterbeamten, so geht er einfach zur Konkurrenz oder – zu seinem Vater.

Nach den Vorstellungen der Bildungskommission des Deutschen Bildungsrates soll für alle Drei- bis Vierjährigen eine vorschulische Erziehung Pflicht werden. Danach käme eine dreijährige Grundschule. Weshalb eigentlich? Je mehr Zeit Eltern für sich, für ihre eigene Weiterbildung und für ihre Kinder künftig haben werden, je größer der Anteil gut ausgebildeter Menschen in kommenden Elterngenerationen sein wird, desto eher müßte es doch möglich sein, den Eltern einen immer größeren Teil der frühen Erziehung und Bildung des Kindes zu überlassen. Jedenfalls nicht weniger als heute. Weshalb bürden sich Bildungspolitiker zu all den übrigen Sorgen noch das Versprechen einer allgemeinen Vorschule auf, für die sie weder die Milliarden Mark noch die Lehrer und Räume haben werden?

Einerseits berufen sich fortschrittliche Politiker (wenn es um das Steuerzahlen geht) gern auf John F. Kennedys Losung („Frage nicht, was dein Land für dich tun kann, sondern was du für dein Land tun kannst"), andererseits appellieren sie an den Egoismus der Eltern, wenn es sich um die Erziehung der eigenen Kinder handelt: „Gebt uns eure Kinder nach drei Lebensjahren für die Ganztagsschule, in der sie dann die nächsten 15 Jahre verbringen werden. Ihr, liebe Eltern, könnt euch dann ja noch mehr dem Geldverdienen und euren Hobbies widmen.

Auch Mutter kann berufstätig werden." Dieser Appell an den Egoismus der Eltern paßt doch gar nicht zur fortschrittlichen Sozialethik unserer Zeit: Wenn sich die Stunden, die Eltern sonst ihren Kindern gewidmet hätten, in berufliche Arbeitsstunden verwandeln, werden sie am Ende doch nur, wie es heute heißt, überflüssige Dinge der bösen Konsumgesellschaft kaufen.

Und haben Kinder nicht ein Recht, möglichst lange Kinder zu sein? Nach ihrem Geschmack, jedes auf seine Weise. Soll die Kindheit, sobald das Bewußtsein einigermaßen erwacht ist, künftig zum größten Teil nur aus dem bestehen, was Emanzipationspädagogen schon von Dreijährigen unter „sozialintegrativen" und „didaktischen" Erwägungen fordern?

Man wird mir entgegenhalten: Gewiß gebe es Familien, in denen die Kinder auch bei dem heute üblichen Einschulungsalter geistig und schulisch zurechtkommen werden, aber um diese Familien ginge es ja nicht. Es seien vielmehr die Familien der Grundschicht, deren Kinder „sprachlich benachteiligt", also „unterprivilegiert" aufwüchsen. Deshalb hätten sie in der Schule nicht die gleichen Chancen wie die anderen. Solche Kinder müßten durch die Pflichtvorschule aus einem untauglichen Familienmilieu erlöst werden. So erklärte Hellmut Becker, über die Hälfte der Kinder eines Jahrganges sollten künftig vom dritten Lebensjahr an in Ganztagsschulen, möglichst sogar in Heimschulen, der „sprachlichen Benachteiligung" durch die eigene Familie entzogen werden.

In ihrem Eifer übersehen unsere Bildungsplaner leider eines: Die Hypothese der sprachlichen Benachteiligung der Kinder bestimmter Sozialschichten, die vor etwa zehn Jahren auf Grund dürftiger Befunde aufgetaucht ist, ist in der angelsächsischen Forschung seit etwa fünf Jahren wieder äußerst umstritten. Die Hypothese wird gerade von ihren Urhebern jetzt entschieden in Frage gestellt und eingeschränkt.

Professor Basil Bernstein (Universität London) wird von unseren Pflichtvorschul-Apologeten meist als Hauptzeuge zitiert. Er selbst hat aber am 26. Februar 1970 in der britischen Zeitschrift „New Society" ausdrücklich vor dem Mißbrauch seiner früheren Arbeiten gewarnt, insbesondere vor dem Schlagwort „sprachliche Unterprivilegierung". Bernstein wendet sich gegen jene, „die einen Keil treiben wollen zwischen das Kind als Glied seiner Familie und das Kind als Glied der Schule". Das Kind und seine Eltern würden damit aufgefordert, ihre soziale Identität, ihre Lebensweise und deren Symbole wegwerfen, weil all dies an der Schultüre doch wertlos werde.

Diese Warnung Professor Bernsteins unterstreicht eine Frage an unsere Bildungsplaner, die sich sogar dann noch stellen würde, wenn die Hypothese von der sprachlichen Benachteiligung nicht so brüchig geworden wäre: Welche sozialen Folgen hätte es denn, wenn die Pflichtvorschule für alle angestrebt würde? Da die Mittel für diese totale Frühbeschulung nach dem Gießkannenprinzip sicherlich lange Zeit nicht verfügbar sein würden, müßte irgendwie ausgewählt werden. Welche Diskriminierung unter den Eltern und ihren Kindern träte damit in der Bevölkerung auf! *Den* Eltern, deren Kinder in die Vorschule müßten, würde bescheinigt, daß sie als Familie, als sprechende Menschen nichts taugen, zu primitiv seien, um als Umwelt für ihre eigenen Kinder geduldet zu werden!

Demgegenüber führt Professor Bernstein aus, wie wichtig es wäre, gerade auch den Eltern einfacher Herkunft und geringerer Bildungsgrade zu helfen, ihren eigenen Kindern ausbildungsmäßig etwas mitzugeben. Es käme nur darauf an, diese Eltern ohne Hochmut von der Schule her in diese Bemühung einzubeziehen, sie in ihrer Kompetenz zu bestärken, z. B. den Dialekt der Kinder nicht zu bemängeln. Auch die Sprache der Grundschicht tauge zu vielem. Sie müsse von der Schule nur verstanden und ernst genommen werden. Soweit Bernstein. Wie elitär wirkt dagegen die soziale und psychologische Einfühlungsschwäche unserer Bildungsplaner.

Wohlmeinende futurologische Planer spielen gerne angeblich zwangsläufig aus dem sozialen Wandel sich ergebende Probleme hoch, die sich aber gegenseitig aufheben. Eine Pflichtschulzeit vor der bisherigen Einschulung, etwa durch Ausweitung eines obligatorischen Kindergartensystems, und die Schule allgemein zu einer Ganztagsschule zu machen, ist nur sinnvoll, wenn man meint, die Eltern hätten heute und in Zukunft immer weniger Zeit und Fähigkeit, sich ihrer Kinder in einer Weise anzunehmen, wie es bisher für viele Eltern durchaus üblich und möglich gewesen ist.

Futurologen erklären uns aber täglich, es werde aus dem allgemeinen technischen Wandel in der Industriegesellschaft immer mehr Freizeit für alle Erwachsenen verfügbar. Sie verlangen Forschungsinstitute, in denen man sich für andere Menschen den Kopf zerbricht, wie diese ihre Zeit nutzbringend und befriedigend verwenden können, wenn der Broterwerb später einmal von ihnen nur mehr 25 Stunden in der Woche verlangt.

Die nächstliegende Lösung wäre doch, daß die mit einer solchen Freizeit gesegneten Eltern sich in erster Linie mehr als bisher um die außerschulische Erziehung und Förderung ihrer Kinder kümmern sollen. Man kann aber nicht behaupten, unsere Eltern würden in Zukunft immer weniger in der Lage sein, bildungsmäßig diese „Beschulungsaufgabe" zu übernehmen; denn es heißt doch, wir stünden vor einer Bildungsexplosion, immer mehr Menschen würden immer länger ihre eigene Bildung auch über die eigentliche Schulzeit hinaus pflegen.

Ich befürchte, daß es diesen Bildungsplanern nicht so sehr um eine Förderung der Kinder und Jugendlichen als um eine Zurückdrängung, eine Ausklammerung des Einflusses der Eltern auf ihre Kinder ankommt. Dafür kann es zwei Motive geben. Das erste wird sogar hier und da offen zugegeben, als eigenständiger Wert verabsolutiert. Man will Bildungschancengleichheit erzwingen, künstlich herstellen und im Leben des einzelnen über möglichst viele Jahre hinweg stabilisieren, indem man die leider noch vorhandene Ungleichheit der Elternhäuser, der väterlichen Berufe, der mütterlichen Bildungsgrade dem Kind und Jugendlichen durch eine totale Beschulung vorenthält.

Um die damit vorgenommene Vergeudung eines riesigen und sehr wahrscheinlich durch keine noch so kostspielige staatliche Maßnahme ersetzbaren Bildungspotentials kümmern sich die Ideologen natürlich nicht.

Die Totalbeschulung aller Kinder, die Ausklammerung der Eltern vom Bildungs- und Sozialisationsprozeß ihrer eigenen Kinder, ist das Programm, dem sich die Sozialisten der meisten Länder aus einem zweiten Grund verschrieben haben.

Es erinnert an die Bildungspolitik während des Dritten Reichs. Man möchte durch Zurückdrängen der Kontaktzeit zwischen Eltern und Kindern eine günstigere Position für die gleichgeschaltete Berieselung der Kinder einer jeden Generation durch eine staatlich verordnete Ideologie herbeiführen. Man sieht wenig Erfolgschancen für die verschiedenen sozialen Utopien der Linken, solange man noch in jeder Generation mit jungen Menschen rechnen muß, die von ihren Eltern traditionelle Leitbilder und Wertvorstellungen übernommen haben. Diese machen sich bei der Verwirklichung der Utopie störend bemerkbar. Seit jeher haben deshalb die meisten utopischen Projekte mit der völligen oder möglichst weitgehenden Trennung von Kindern und Eltern operiert.

Aber welch ein Widerspruch: Dieselben Gemüter, die eine totale Beschulung verlangen, sind doch eben die Kreise, die lautstark einer immer größeren Mitbestimmung der Eltern in der Schule das Wort reden. Mitbestimmen soll und kann man aber doch eigentlich nur dort, wo man selbst an der Sache, um die es geht, beteiligt ist und etwas von ihr versteht. Das wäre in diesem Fall die Erziehung, die Bildung der eigenen Kinder. Es ist absurd, einerseits den Eltern immer weniger Kompetenz und Recht auf die Bildung ihrer Kinder zuzugestehen, im selben Atemzug aber zu verlangen, diese Eltern sollten in der Schule mitreden. Eltern also, denen man nicht mehr zutraut, sich am Nachmittag, am Abend und am Wochenende mit der Überwachung der Hausaufgaben ihrer Kinder zu beschäftigen, sollen nun ausgerechnet mit den Lehrern über Inhalt, Form und Unterrichtsrhythmus der Gegenstände in der Schule diskutieren und den Schulleiter wählen oder abwählen.

# 10. „Chancengleichheit" ist nicht planbar

Ein Gesamtplan für Bildung („vom Kindergarten bis zur Universität", so Leussink) wurde 1970 u. a. mit dem rhetorischen Hinweis auf die technologische Lawine (meist zum Stichjahr 2000) gefordert. Ungeklärt bleibt aber, ob die Bildung (um)geplant werden soll, damit die Menschen in dieser Lawine nicht den Kopf verlieren, sie seelisch aushalten können, oder ob sie eine neuartige Ausbildung brauchen, um diese technische Explosion noch weiter zu potenzieren. Beide (Aus)Bildungsaufgaben bergen verschiedene Zielsetzungen.

Der Teil der westlichen Jugend, der jetzt schon die rationalisierte Industriegesellschaft nicht mehr zu ertragen können glaubt, hat eher bereits zu viel gerade unter *der* Art von Bildung und Pädagogik gelitten, wie sie unsere Bildungsplaner jetzt als Rezept fürs Ertragen der künftigen Industriegesellschaft verstärkt empfehlen.

Aber auch diejenigen Bildungsstrategen, denen die technologische Transformation unserer Welt seit 1950 als etwas Unausweichliches, ja Gutes Stiftendes gilt, können mit ihren Wünschen an die Zukunft gerade nicht die radikale (Aus)Bildungsreform und -planung begründen, von der sie dauernd reden. Aus welchem Bildungswesen sind denn schließlich diejenigen Menschen hervorgegangen, die in unzähligen verschiedenen Positionen die wissenschaftlich-technische Umwandlung seit 1930 oder 1950 überall getragen haben? Doch offensichtlich nicht aus dem fürs Jahr 1990 oder 2000 jetzt erst in Aussicht genommenen?

Alle Funktionssysteme wissenschaftlicher, technischer und

organisatorischer Art, die seit etwa 1950 unsere Welt so entscheidend, von allen früheren Epochen so charakteristisch abweichend verändert haben, wurden von Menschen ersonnen, entwickelt, verfeinert, laufend bedient und repariert, die gerade nicht aus Schulen oder Bildungssystemen kamen, die sie für jene völlig neuen, unvorhersehbaren Aufgaben schon „richtig programmiert" vorbereitet hätten. Die Heilkunde, das weltweite zivile Düsenflugzeugnetz, Fernsehen, Weltraumfahrt, Computerrevolution: wo immer auch es nötig war, konnten die fehlenden Fertigkeiten und Kenntnisse noch im und am Projekt selbst erworben werden. Und zwar von Menschen, die „nur" durch die in so schäbiger und alberner Weise verketzerte „Schule Opas" gegangen waren.

Entweder war dies eine einmalige Generation von Übermenschen – oder das bisherige „unprogrammierte", von Politikern noch weitgehend in Ruhe gelassene, vielgliedrige Bildungs- und Berufsausbildungssystem war eben durchaus fähig, Menschen für Berufe, Situationen, Anforderungen und Veränderungen vorzubereiten, die den Schulen selbst weitgehend noch unbekannt waren.

Es ist bis jetzt kein einziger ausschlaggebender, deutlich erkennbarer Faktor genannt worden, der ausgerechnet von jetzt an (und für die nächsten 50 Jahre) einen grundsätzlichen qualitativen Bruch in die Vorgänge brächte, denen wir die Veränderungen in den Jahrzehnten zwischen 1920 und 1970 verdankten.

Nur der überzeugende Nachweis eines solchen erstmaligen Bruchs könnte es zum Teil einleuchtend machen, daß man das für die Mannschaften der Industriegesellschaften bis 1970 verantwortliche und taugliche Bildungswesen durch ein radikal andersartiges ablösen müsse. Vorerst zeichnet sich dieses allein in den Hirnen einiger Bildungsplaner ab, die sich offenbar keine Gedanken gemacht haben, wie man die qualitative und quantitative Innovationsrate in den Industriegesellschaften (und die Vollbeschäftigung in Ländern wie der Bundesrepublik oder der Schweiz) mit der These von der Untauglichkeit des bisherigen Bildungswesens vereinbaren kann.

Alles, was uns die Spitzen der Bildungsstrategie bis jetzt zur Begründung geben können, sind apokalyptische Bonmots. Etwa: „Die Bildungsexpansion in der Welt ist die Voraussetzung des Überlebens der Welt" (Hellmut Becker, Oktober 1969). Was bedeuten darin die Worte „Bildung", „Expansion", „Welt" und „Überleben"? Andere bieten Gemeinplätze an wie „Schulen und Universitäten müssen sich den Veränderungen unserer Realitäten stellen" oder verstiegene Wortspiele: „Wenn es ... einen Gesamt- oder Generalschulplan geben soll, dann nur in dem Sinn: daß Schule ... ihre genauen Konturen zum Leben verliert und die eigentlich schulmäßigen Verfahren gegen die praktischen, politischen und wissenschaftlichen öffnet, daß sie zugleich zu einer Einrichtung wird, in der man im Spielraum wiederholbarer oder widerrufbarer Erfahrung lernt, Bedürfnisse, Neigungen und Fähigkeiten sinnvoll gegeneinander aufzurechnen" (H. v. Hentig).

Sieht man genauer hin, so zeigt sich, daß sehr viel von dem, was als Bildungsreform im Gange oder im Gespräch ist, sachlich gesehen, weder Bildung noch Ausbildung verbessert. Die Reform ist ein bloßes Jonglieren mit willkürlichen Definitionen. Meist werden Statuseinstampfungen dekretiert, die bei einer Mehrheit auf Kosten einer Minderheit einen Benachteiligungsverdacht ausräumen sollen, den Politiker und Publizisten zuvor eingeimpft hatten.

Diese Art von Bildungsreform verstrickt sich in Widersprüche, weil sie egalitäre Ideologien mit den nicht so einfach wegdefinierbaren Mindestanforderungen einer arbeitsteiligen, hochspezialisierten, international konkurrierenden Industriegesellschaft „harmonisieren" möchte. Fort mit dem Hochmut der Abiturienten! Jeder wird bei uns sein Abitur machen, alle werden Abiturienten heißen. Nur: die einen haben Abitur I, die anderen Abitur II. Das ist so gescheit (und im internationalen Bildungsvergleich so ehrlich und eindrucksvoll), wie es die Aufhebung der Hierarchie in den Heilberufen wäre, indem es nur mehr Arzt III (bisher Dr. med.), Arzt II (Krankenschwester, TMAn) und Arzt I (Krankenpfleger) gibt.

Auch die Gesamthochschule ist ein ähnliches Verlegenheitskind: ein billiges Alibi für akademische Bildungswerber, denen es gegangen ist wie dem Zauberlehrling in Goethes Ballade. Der Verbund löst gar nichts. Schließlich stellen das College und die Graduate School in den Vereinigten Staaten eine Art Gesamthochschule dar. Dort hat die Abwertung des College durch den Zustrom von 50 v. H. eines Jahrgangs nur dazu geführt, daß bereits 80 v. H. von denen, die im College sind, nicht daran denken, ihr Glück mit dem College-Diplom zu versuchen, sondern in die Graduate School drängen. Nur läßt diese sich in den Vereinigten Staaten, im Gegensatz zur wissenschaftlichen Hochschule bei uns, noch nicht überrennen.

Droht uns am Ende „Chancenlose Bildung durch Bildungschancen?" 1968 bereits nahm einer der Herausgeber der FAZ, Karl Korn („Gespaltenes Abitur?"), im Feuilleton seines Blattes heilige Kühe unter die Lupe, die damals zwar nur rund vier Jahre alt, aber (u. a. dank des Senkrechtstartbedürfnisses ihrer Hirten) bereits zu wahren Monstren herangewachsen waren. Ihre Namen: „Bildungsnotstand", „Modernitätsrückstand" und „Chancengleichheit". Dazu Karl Korn:

„Inzwischen sind nur vier Jahre vergangen. Plötzlich schallt es ganz anders aus den Kulissen, und mancher Streiter für die Entfesselung von Bildung schweigt sich aus." Korn bezweifelt, ob durch die Einführung von zwei Abiturzeugnissen (eines ohne und eines mit Hochschulreife) noch irgend etwas gesteuert werden könne. Solange nämlich die einseitige Bildungswerbung wirkt, dürften auch dann viel mehr Schüler, als wirklich Begabte vorhanden sind, und auf jeden Fall mehr Menschen, als auf ihren Erwartungen entsprechende Stellen rechnen können, zur Hochschule drängen. Das wußte man also spätestens seit 1968.

Was meinten die Bildungsexpansionisten überhaupt mit dem Begriff „Gleichheit der Bildungschancen"? Es könnte nämlich sein, daß die Forderungen „Bildung als Bürgerrecht" und „Bildungschancengleichheit", falls man sie gleichzeitig zu verwirklichen trachtet, zu Ergebnissen führen, die zueinander in Widerspruch stehen.

Wie und wann auch immer im Leben des einzelnen jungen

Menschen „Chancengleichheit" zur Erlangung des Abiturs einzurichten versucht wird, er nimmt selber die Chance nur wahr, er wagt seinen persönlichen Einsatz (u. a. in Form einer Vertagung der Berufswahl und des eigenen Verdienens), weil er, falls erfolgreich, dann vor anderen etwas voraushat. Besitz des Abiturs bedeutet für ihn Berechtigung zum Hochschulstudium, ohne weitere Anträge, Nachweise usw., also Gleichheit der Chancen bei der Zulassung, ob der Notendurchschnitt im Zeugnis nun 3 oder 1 gewesen ist. (In Fächern mit begrenzten Studienplätzen ist diese Gleichheit der Abiturienten bereits hinfällig geworden.)

Wenn aber die Manipulation der Bildungswege und Leistungskriterien durch die „Bildung-ist-Bürgerrecht"-Politiker dazu führt, daß nicht mehr 10, 12 oder 13% eines Jahrgangs das Reifezeugnis bekommen, sondern 25 oder 30%, ändert sich die tatsächliche Situation für die nunmehr nur vermeintlich „nicht mehr Benachteiligten" entscheidend. Die Bildungspolitiker haben offenbar ebensowenig wie manche Währungs- und Sozialpolitiker das Wesen der Inflation begriffen. Bei 25% Abiturienten wird das Ziel, an dem ursprünglich die „Chancengleichheit" gemessen wurde, entwertet: Es muß zunächst zwei oder drei Arten von „Abitur" geben, und am Ende berechtigt keines von ihnen mehr direkt zum Studium an wissenschaftlichen Hochschulen, sondern diese wählen sich ihre Studenten für die frei gewordenen Studienplätze selber aus, wie z. B. in den angelsächsischen Ländern. Eine Folge dieses Systems ist die Verschiebung der Berufsentscheidung für viel zu viele Menschen bis zum 20. oder 23. Lebensjahr. Sie birgt, wie gerade in den USA deutlich geworden ist, große Nachteile und Gefahren für die zu ihr verführten Jugendlichen.

Kann man überhaupt „Chancengleichheit" bei der Ausbildung wissenschaftlich je messen? Darf man sie allein, sozusagen, am Abitur „aufhängen"? Ich glaube es nicht. Falls man lediglich beobachtet, daß als Ergebnis eines bestimmten Bildungsvorganges – z. B. des in einer Gesellschaft erteilten Gymnasialunterrichts – eine willkürlich herausgegriffene Personengruppe (Mädchen, Katholiken, Bauern- und Hilfsarbeiterkinder) an der Gesamtquote der Absolventen mit einem kleineren Prozentsatz beteiligt sind, als es ihrem Anteil an der Bevölkerung entspricht, kann von „*un*gleichen Bildungs*chancen*" doch nur gesprochen werden, wenn tatsächlich *jedes* Mitglied dieser „benachteiligten" Personenkreise ein gleich großes Interesse, eine gleich große und über Jahre hinweg gleichbleibend starke Neigung (Motivation) für diesen einen, und nur für diesen einen Bildungsweg gehabt hat. Das ist höchst unwahrscheinlich. Der Nachweis irgendwelcher Bildungssperren genügt doch nicht, weil ich mir nach wie vor dabei anmaße, jedem einzelnen in der Bevölkerung, ungeachtet seiner individuellen Lebensumstände, das in *meinen* Augen allein für ihn wünschbare Bildungs- und Berufsziel vorzuschreiben.

Man stellt es so dar, als ob jeder Mensch in der Bevölkerung nur vom Abitur und einem Hochschulabschluß träume und jeden anderen Bildungs- und Berufsweg als ihm aufgezwungenen Abstrich an seinem Lebenszweck, als eine „Benachteiligung" ansähe. Ähneln die Bildungswerber nicht den gerade von ihnen so gerne gegeißelten „geheimen Verführern", die den Menschen unumgängliche Güter suggerieren, deren Praktikabilität für den einzelnen oft genug fragwürdig ist?

Es ist völlig verschieden, ob eine Bildungspolitik „jedem eine Chance" oder ob sie „Gleichheit der Chancen" verspricht und durch Veränderungen des Schulwesens herbeizuführen sucht. Selbstverständlich soll jedem eine Chance gegeben werden. Besser noch: mehrere Chancen wiederholt in seinem Leben, wie es bisher meist ohnehin der Fall ist. Die große Chance liegt ja weniger in einem bestimmten Schulweg, sondern im Berufsleben, gleichgültig, von welcher Ausbildung her man dorthin gekommen ist.

Bildungschancengleichheit hingegen ist etwas Irreführendes. Das Schlagwort sollte aus der Debatte intelligenter Menschen verschwinden.

Chancenverbesserung ist möglich und kann ehrlich versprochen werden. Sie hat jedoch nichts mit der geforderten Gleichheit der Chancen gemeinsam. Diese kann es nur in der Rechtsprechung geben. Personen in gleichen Lebensumständen, gleich in Unbestraftheit oder in Vorstrafen, sollten bei gleichen Vergehen die gleiche Chance haben, z.B. freigesprochen zu werden oder nur eine Geldstrafe zu erhalten. Das Grundgesetz, wenn es Rechtsgleichheit und Gleichberechtigung vorschreibt, meint ja gar nicht Bildungschancengleichheit. So gewährleistet das Grundgesetz ausdrücklich das Recht zur Errichtung von Privatschulen, also doch wohl auch das Recht der Eltern, ihre Kinder dorthin zu schicken. Bildungschancengleichheit, so wie sie sich Schwedens oder Englands Sozialisten heute vorstellen, würde u.a. erfordern, daß der Staat den Eltern verbietet, ihre Kinder auf Privatschulen im In- oder Ausland zu schicken. Kritiker der Zwangsgesamtschule, wie sie die Labourpartei in England anstrebte, ehe sie 1970 die Wahl verlor, haben schon darauf hingewiesen, wie viele eines totalitären Staates würdige Verbote errichtet werden müßten, um eine solche Bildungschancengleichheit aufrechtzuerhalten.

Im Grundgesetz ist diese Art von Gleichheit, die dem einzelnen vorenthält, was sie nicht allen geben kann, nirgends gefordert. Wenn man behauptet, der zentrale Auftrag des Grundgesetzes, allen Bürgern gleiche Chancen zu geben, sei noch nicht annähernd erfüllt, so mag das für manche Gebiete, wo sie möglich wäre, zutreffen. Beispielsweise sind im neuen Bundestag weniger Frauen als im vorherigen. Eigentlich sollten es doch über 50% sein? Gleichheit der Bildungschancen, gar etwa durch Abschaffung der bisherigen Schularten, wird vom Grundgesetz nicht verlangt.

Chance kommt vom Lateinischen cadentia und bedeutet das Fallende, also den Glücksfall oder günstige Aussichten. Wie sollte ein Staat darin Gleichheit aller Bürger erzielen können? Chancengleichheit ist zur Zeit nicht einmal in der staatlichen Lotterie, wo sie an sich erzielbar ist, gewährleistet: Solange jeder die Freiheit hat, so viele Lose gleichzeitig zu kaufen, wie seine Mittel erlauben, sind die Chancen für den Haupttreffer ungleich verteilt.

# 11. Besteuere deinen Nächsten
## wie dich selbst

Heutige Parlamente halten es für „gerecht", wenn von zwei Steuerzahlern der eine zehn bis zwanzig Prozent seines Verdienstes als Steuer abführen muß, während der andere, nur weil er ein hohes Einkommen hat, davon fünfzig oder siebzig Prozent Steuer zahlen muß. Er wird bestraft, weil er mehr verdient. Ob er mehr arbeitet, mehr Verantwortung trägt, vielleicht in der Regel früher stirbt als der andere, nimmt diese „Steuergerechtigkeit" nicht zur Kenntnis. Nicht ohne Grund nennen die Angelsachsen diese Art von Steuern „punitive taxes", strafende Steuern.

Als Ergebnis des gleichen Trends zum Egalitarismus, der diese Situation hervorgebracht und tabuiert hat, läßt sich paradoxerweise die entgegengesetzte Entwicklung beim gewöhnlichen Strafrecht beobachten: Hier erstrebt man die Einheitsstrafe sowohl in der Länge der Haft als auch beim Typ der Strafanstalt. Ein Mörder kann heute in der Praxis nach zehn Jahren entlassen werden; so lange kann aber auch ein Urkundenfälscher sitzen. Der Mann auf der Straße empfindet dies als ungerecht. Man nimmt auf ihn aber keine Rücksicht. Derselbe „kleine Mann", wie man aus Befragungen weiß, hält aber auch meistens die extreme Steuerprogression für ungerecht. Und doch nehmen Politiker und Professoren, die den Urkundenfälscher und Mörder gleich behandeln und bestrafen möchten, auf diesen fiktiven kleinen Mann so große Rücksicht, daß sie ihm zuliebe Bürger, die sich nur durch ihr Einkommen unterscheiden, extrem ungleich behandeln. Gegner der Todesstrafe haben erklärt, sie verhindere keinen Mord, weil es auch in Ländern, wo sie droht, viele Morde gibt. Ebenso könnte man sagen, die progressive Einkommensbesteuerung ist sinnlos, weil sie selbst in Ländern, wo sie jahrzehntelang mit Sätzen bis über neunzig Prozent regierte, die Ungleichheit der Menschen in ihrer wirtschaftlichen Lage nicht beseitigt hat.

Politiker und Gesellschaftsreformer, die erklären, es müsse für hohe Einkommen eine schärfere Besteuerung geben als für durchschnittliche, sollten mit den Motiven konfrontiert werden, denen sie sich beugen. Wessen Seelenfrieden braucht denn eine Steuerpolitik, wonach nur der netto zehnmal so viel wie der andere verdienen darf, der zuvor das Zwanzig- oder Fünfzigfache erarbeitet hat? Die Rücksichtnahme auf diesen „Seelenfrieden" ist ebenso unzulässig wie die auf das Rache- und Vergeltungsbedürfnis der Bevölkerung bei schaurigen Verbrechen. Eine Mehrheit der Bevölkerung wünscht bekanntlich für den Täter scheußlicher Verbrechen die Todesstrafe. Der Gesetzgeber räumt ihr diese Genugtuung nicht mehr ein. Weshalb soll aber ein nur vermutetes Gefühl der Mißgunst, der Schadenfreude bei einem Teil der Bevölkerung die Gerechtigkeit der progressiven Einkommensteuer begründen? Weshalb glauben Politiker und Ideologen, denen die Milderung der Strafen für Verbrechen gegen die Person immer noch nicht weit genug geht, sie müßten an einer Steuerpolitik festhalten, die ihre psychologische und „sittliche" Begründung aus denselben Motiven bezieht, wie sie der Vergeltungstheorie der Strafe zugrunde liegen?

Psychologisch betrachtet, ist es zunächst durchaus nachfühlbar, daß irgendeine volkswirtschaftlich unvernünftige, ja schädliche staatliche Maßnahme, sofern sie als „sozial gerecht" etikettiert werden kann, bei manchen Menschen ein gewisses Behagen auslöst, allerdings nur eines von kurzer Dauer. Kein Befund der empirischen Sozialwissenschaft spricht jedoch dafür, daß irgendeine Summe solcher Maßnahmen eine Bevölkerung insgesamt glücklicher und zufriedener machen wird. Oft suchen Politiker die „soziale Gerechtigkeit" einer Maßnahme dadurch augenscheinlich zu machen, daß die Mittel für die Begünstigung eines Personenkreises ausdrücklich durch eine besonders starke Belastung eines anderen Personenkreises aufgebracht werden. Man will also nicht nur wirtschaftliche Erleichterung schaffen, sondern diese außerdem durch Schadenfreude potenzieren. Je mehr Schadenfreude man beimischen zu können glaubt, desto geringer darf die Begünstigung sein, bei gleichem vermeintlichem Nutzen am Wahltag. Ja, es ist heute schon zu befürchten, daß die Kalkulation auf die Schadenfreude für manche Fiskal- und Sozialpolitiker wichtiger ist als die Linderung einer tatsächlichen Notlage.

Die verschiedenen, oft sich auch gegenseitig beeinträchtigenden Maßnahmen heutiger Parlamente, getroffen im Namen der „sozialen Gerechtigkeit", lassen sich überdies fast nie aus empirisch bekannten Einstellungen und Wünschen der Bevölkerung ableiten. Meist sind es Trostpflaster, mit denen man sich bei notwendig gewordenen unpopulären Maßnahmen gegen Stimmenverluste abzusichern sucht. Solche Gerechtigkeitsakrobatik erinnert an den Brauch des Sündenbocktreibens in uralten Zeiten. Man schafft sich Mut zu einer unpopulären fiskalischen Maßnahme, indem man eine willkürlich herausgegriffene Minderheit, gegen die man allgemeine Abneigung wittert, demonstrativ belastet.

Es ist auch ein Irrtum, wenn die gemäßigteren, vernünftigeren Politiker einer Linkspartei sich den Frieden, das Zuwarten ihrer radikalen Genossen dadurch zu erkaufen suchen, daß sie deren Wünschen nach einer immer weiter gehenden Progression der Einkommen- oder Erbschaftssteuer entsprechen. Je mehr man sich nämlich auf die Ungerechtigkeit des Progressionsprinzips einläßt, desto mehr stützt man ja die Ansicht, daß es überhaupt grundsätzlich unzulässig sei, eine Gesellschaftsform beizubehalten, in der es durch unterschiedliche Leistungen und unterschiedliche Glücksfälle zu Einkommens- und Besitzunterschieden kommen kann. Psychologisch und politisch wirkt sich das Progressionsprinzip, entgegen herrschender Ansicht vieler Finanzwissenschaftler, gerade nicht zugunsten des sozialen Friedens, der Stabilität einer Gesellschaft aus; vielmehr geilen sich die Revolutionäre sozusagen an jedem zusätzlichen Prozent der Progression in ihrem Haß auf die durch die Progression Getroffenen immer mehr auf, da dieses Besteuerungsprinzip doch selbst schon beweise wie ungerecht es ist, mehr zu bekommen als andere.

Je mehr aber um Wählersympathien geworben wird, indem man dem einen nicht nur ein paar Mark mehr gibt oder beläßt, sondern ihm zugleich das Gefühl verschafft, andere müßten dafür besonders tief in die Tasche greifen, wird im allgemeinen wirtschaftspolitische Rationalität einer problematischen Wahlstrategie geopfert. So haben verschiedene Befragungen in westlichen Demokratien, u. a. in Großbritannien, wider Erwarten gezeigt, daß die weitaus meisten Befragten, gleich welcher Schicht und welcher politischen Richtung, ein wesentlich genaueres Empfinden für ,,Gerechtigkeit'' als für ,,soziale Gerechtigkeit'' haben. Die in einem Lande tatsächlich geltenden Einkommensteuertarife in der oberen Progressionszone wurden regelmäßig für ,,ungerecht'' oder ,,undenkbar'' gehalten.

Fast unangefochten herrscht heute aber noch die Meinung, mehr Progression sei besser als weniger Progression. Diese müsse endlich wieder verschärft werden. Angesichts der jetzigen Pläne sollte man einmal über Sinn und Moral der Progression sprechen. Läßt sie sich überhaupt ohne Heuchelei verteidigen? Wer besser verdient oder sein Kapital gescheiter angelegt hat als der Normalmensch, muß zur Erbauung, zur Besänftigung des ,,fiktiven natürlichen Volksempfindens'' durch eine progressive Steuer dafür bestraft werden. Also eine Strafe für den, der mehr arbeitet, weiß, kann usw. als der Normalmensch. Welches Sittengesetz diktiert denn eigentlich die ,,soziale Gerechtigkeit'' der progressiven Steuer? Hier ergreift der Gesetzgeber willkürlich Partei für die von ihm lediglich vermutete und unterstellte Mißgunst des fiktiven Normalmenschen.

Prinzip und Praxis der progressiven Einkommensteuer erfreuen sich in westlichen Demokratien eines Tabus, das seinesgleichen sucht. Aufrechterhalten wird dieses Tabu sowohl vom schlechten Gewissen solcher, die sich hoher Einkommen irgendwie schämen, als auch von der Rücksichtnahme auf die Gefühle solcher, die tatsächlich glauben, eine Gesellschaft sei um so gerechter, je ungleicher der einzelne vor dem Steuertarif ist. Heute wird aber alles in Frage gestellt. Keine sittliche Norm, keine Tradition darf mehr auf Selbstverständlichkeit pochen. Weshalb soll dies allein angesichts progressiver Besteuerungsverfahren nicht gelten?

Das Gemüt, das sittliche Empfinden des Normalmenschen in unserer Demokratie birgt, wie es scheint, wundersame Fähigkeiten. Soeben liest man etwa, es sei die Quelle unseres Wissens über die „soziale Gerechtigkeit" einer Ergänzungsabgabe. Im nächsten Augenblick, oft in derselben Zeitungsnummer, sieht man eben dieses Gemüt des Normalmenschen geringschätzig abgetan, ja verhöhnt: nämlich dann, wenn es als Orientierungspunkt fürs Strafrecht dienen soll.

Wie geht das eigentlich zu! Ein fiktiver Normalbürger heutiger Gesellschaften muß mit seinem durchschnittlichen intuitiven Gefühl als Maß aller Dinge herhalten, wenn es darum geht, einen staatlichen Eingriff als Zugeständnis an die „soziale Gerechtigkeit" zu begründen. Derselbe Normalmensch aber, mit derselben Gefühlsausstattung, gilt als völlig inkompetent und darf keineswegs befragt werden, wenn man das Strafrecht für bestimmte Vergehen reformieren will.

In den Nachrufen auf den vor einigen Jahren verstorbenen Generalstaatsanwalt am Hamburgischen Oberlandesgericht, Ernst Buchholz, wurden seine Verdienste um die Freiheit der Kunst gewürdigt: auch jener Kunstprodukte, die manche als Gotteslästerung oder als Pornographie empfinden. Es hieß: man verdanke es Buchholz, daß mit dem „gesunden Volksempfinden", mit der „Fiktion eines Normalmenschen" aufgeräumt worden sei. „Der Normalmensch ist zu Grabe getragen worden." So Buchholz. Stimmt. Soweit es sich etwa um den Autor oder Verleger, den Regisseur oder Filmverleih handelt, der mit Pornographie reich werden will.

Ein Oberlandesgerichtsrat in Bremen wiederum meinte, in unserer pluralistischen Gesellschaft sei es nicht mehr vertretbar, daß der Rechtsstaat und sein Gesetzgeber für irgendwelche einseitigen Sittengesetze der einen Gruppe im Volk Partei ergreife. Man dürfe das Strafrecht nicht an ein scheinbar absolutes Sittengesetz ketten, das vielleicht nur für einige in der Bevölkerung Bedeutung habe. Mag sein. Aber welches Sittengesetz diktiert dann eigentlich die „soziale Gerechtigkeit" der progressiven Steuer? Hier ergreift der Gesetzgeber doch willkürlich Partei für die von ihm lediglich vermutete und unterstellte Mißgunst des fiktiven Normalmenschen.

Ist es nicht merkwürdig, daß die Rechtsgelehrten und insbesondere Strafrechtsexperten in der westlichen Welt heute das sogenannte gesunde Volksempfinden, das Anstandsgefühl aller gerecht denkenden Menschen für völlig bedeutungslos, ja für irreführend erklären, wenn Gesetze auf diese Gefühle Rücksicht zu nehmen scheinen, die sich mit Verbrechen gegen die physische Person und gegen das Anstandsgefühl eines Bürgers richten. Sobald es sich aber um die politische Beschneidung des Rechts auf Eigentum handelt, wird eben dieses urtümliche, nie irrende, stets das Gute wollende Volksempfinden wieder zum Quell des Rechts erkoren.

Verstärkt wird heute wieder die alte, aber auch unbeantwortbare Frage nach der „Gerechtigkeit" verschiedener Einkommenshöhen diskutiert. Merkwürdigerweise halten die Frage für sinnvoll und beantwortbar sowohl die spätmarxistischen Jungsozialisten, die auf öde Gleichheit erpicht sind, als auch Autoren, die eine „leistungsgerechte" Differenzierung grundsätzlich bejahen. Unsere Gesellschaft wäre erst dann „sozial" und „rational", so erklären sie, wenn jeder das verdient, was er verdient. Was das wäre, sagt uns aber leider keine Offenbarung. So könnte am Ende nur eine politische Partei, die herrscht, die Funktion des Marktes übernehmen und (mit)bestimmen, wer was wofür verdienen darf. Will man als Ziel aber nicht, wie in *Palmes* Schweden, die Gleichheit des Einkommens für den, der Müll, und den, der Tumore entfernt, dann werden die Gerechtigkeitsplaner bald merken, daß sie das „gesunde Volksempfinden" im Stich läßt. Selbst die Lebensnotwendigkeit eines Bedürfnisses sagt nämlich nicht, ob man an ihm viel oder wenig verdienen darf.

In dem amerikanischen Nachrichtenmagazin „U. S. News & World Report" stand vor einiger Zeit ein Inserat der pharmazeutischen Industrie. Unter dem Photo eines Mannes, dessen Gesicht nagenden Selbstzweifel spiegelt, las man: „Jeden Abend, wenn ich nach Hause gehe, muß ich vor meinen Kindern rechtfertigen, woran ich tagsüber gearbeitet habe." Das Photo zeige, so heißt es, den Direktor der Forschungsabteilung einer pharmazeutischen Firma. Der ständige Vorwurf seiner eigenen Kinder: „Deine Firma zieht ihre Gewinne aus kranken Menschen, während du am Schreibtisch sitzt und fragwürdige Forschungen leitest."

In dem Inserat sucht diese Industrie sich mit Statistiken zu verteidigen; so seien in den *USA* in den letzten 30 Jahren von den über 500 neuen Medikamenten 90 Prozent aus den Labors der Arzneimittelunternehmen gekommen. Die Ansichten der zeitgeistkonformen Kritiker ändert man meines Erachtens damit nicht. Diese fragen etwa zurück: „Weshalb müssen wir Amerikaner denn so gesund sein, wenn es die Menschen in Südamerika, Afrika oder Asien auch nicht sind?" Oder sie weisen vielleicht, zwischen zwei Zügen an ihrer Haschischzigarette, auf die nicht rechtzeitig erkannten Nebenwirkungen einiger weniger Medikamente hin, die zurückgezogen werden mußten.

Den Vorwurf, am Kranksein der Menschen zu profitieren, suchte das Inserat erst gar nicht zu widerlegen. Man müßte ihn aber untersuchen, da aus ihm eine heute weitverbreitete Einstellung zum Markt spricht. Eigentlich wären auch Bäcker und Fleischer „unanständige" Leute, weil sie durch den biologisch vorgegebenen Hunger der Menschen florieren. Kurz vor der Französischen Revolution waren sie in Frankreich deswegen auch Zielscheibe solcher Kritik. Heute werden Firmen der Lebens- und Genußmittelbranche ob ihres fragwürdigen Gewinns aus der Stillung lebensnotwendiger Bedürfnisse nicht mehr angegriffen. Die sich sozial gebende Entrüstung wendet sich zur Zeit lieber gegen den Besitzer oder Makler von Grundstücken, der am Wohnbedürfnis der Menschen profitiere, oder gegen Chirurgen („Millionäre im weißen Kittel") und die pharmazeutische Industrie. Das Motiv spielte auch mit bei der Verstaatlichung der Apotheken in Schweden.

Ist es aber überhaupt möglich, die „soziale Gerechtigkeit"

eines Gewinns, eines Arbeitseinkommens aus der Art des Bedürfnisses abzuleiten, aus dessen Stillung sie erwachsen?

Ich bezweifle es. Wer meint, er habe ein besonders feines Gefühl für die „Gerechtigkeit" verschiedener Einkommens- oder Vermögensgrößen, kann das mit einem Gedanken- bzw. einem Gefühlsexperiment prüfen.

Stellen wir uns ein abgelegenes Gebiet vor, in dem eine Epidemie ausbricht. Der einzige Arzt arbeitet sechs Wochen lang täglich 18 Stunden. Was ist unserem Sinn für Gerechtigkeit nach richtiger? Daß er ebensowenig einnimmt, wie er sonst eingenommen hätte, ja vielleicht auf alle Honorare verzichtet, weil es ja seine Pflicht gewesen war, zu helfen? Oder daß er durch seinen Einsatz in kurzer Zeit aus der Summe der ortsüblichen Einzelhonorare ein Vermögen verdient? Beide Thesen lassen sich, wie ich im Gespräch mit verschiedenen Menschen beobachtet habe, mit dem vermeintlich so sicheren Sinn für soziale Gerechtigkeit begründen; schließlich gibt es fast nie Proteste, wenn ein mutiger Lebensretter auch materiell belohnt wird. Und einige angelsächsische Physiker erhielten nach dem Zweiten Weltkrieg von ihren Regierungen sehr große Summen als Belohnung für die Entwicklung von Geräten, die zum Sieg beigetragen hatten. Das empfanden demokratische Öffentlichkeiten offenbar als fair. Man hätte aber auch behaupten können, es sei ja nur ihre Pflicht gewesen, diese Geräte zu entwickeln.

Nach jahrelanger Beobachtung von Äußerungen sozialer Entrüstung, in Gesprächen, in Diskussionen und in Leserbriefen in den Zeitungen und Zeitschriften vieler Länder, habe ich den Eindruck, daß man sich ebenso leicht über das hohe Einkommen eines Menschen „sozial" erbost, der frivoles, völlig entbehrliches Zeug anbietet (etwa alberne Schlager), wie an dem eines Menschen, der etwas völlig Unentbehrliches verkauft, z. B. die ärztliche Leistung oder Wohnraum.

Im Grunde geht es also gar nicht um die Beziehung zwischen Wichtigkeit eines Bedürfnisses und der „sozialen Erlaubtheit" eines hohen Gewinns aus seiner Stillung. Wer gegen Einkommen ist, die als „groß" gelten, weil sie zu einem Zeitpunkt nur von wenigen in einer Wirtschaft Tätigen erzielt werden, kann sie emotional ebenso wirksam mit der Nichtigkeit wie mit der Wichtigkeit des Bedürfnisses in Frage stellen, dessen Stillung sie möglich macht.

Vor ungefähr zwanzig Jahren, als Sozialwissenschaftler in Amerika unschwer Forschungsgelder von der *Ford Foundation* haben konnten, erhielten einige Soziologen an der Juristischen Fakultät der Universität von Chikago eine große Summe, um mit den Mitteln der empirischen Soziologie die soziale Gerechtigkeit der progressiven Einkommensteuer aus dem Gemüt des kleinen Mannes herauszudestillieren. Die Ergebnisse waren für den auf eine steile Progression erpichten Intellektuellen so enttäuschend, daß die Untersuchungsergebnisse nie veröffentlicht wurden. Ich konnte mir aber den Fragebogen beschaffen, mit dem gearbeitet worden war. Man ging wie folgt vor: Teils einzelnen Versuchspersonen, teils kleinen Gruppen von solchen, die untereinander über das Thema diskutieren durften, wurden fiktive fiskalische Situationen der Bundesregierung mitgeteilt. Es hieß etwa, Washington brauche für diesen oder jenen sehr verdienstvollen sozialpolitischen Zweck (oder um die nationale Verteidigung zu finanzieren) zusätzlich x Millionen Dollar Steueraufkommen. Diese Summen könnten durch eine der folgenden Änderungen im Steuergesetz beschafft werden: Eine Familie mit zwei Kindern und einem jährlichen Einkommen von 8000 Dollar, die jetzt y Dollar jährlich Steuern zahlt, wird z Dollar mehr Steuern zahlen. Eine Familie mit fünf Kindern und 12 000 Dollar jährlichem Einkommen zahlt jetzt x Dollar Einkommensteuer; wenn diese auf x plus n Dollar erhöht wird, würde die Bundesregierung die benötigten Mittel erhalten. Und so weiter. Man forderte die Versuchspersonen auf, ein fiskalisches Bedürfnis mit der Besteuerung einzelner Haushalte in Beziehung zu setzen und anzugeben, welcher Grad der Progression bei welchen Einkommen angesichts dieses oder jenes Grundes für die Steuererhöhung als gerecht empfunden werde. Sehr bald merkte man, daß bei dieser Befragungsmethode, wie schon früher bei größeren demoskopischen Umfragen, das Gemüt des Amerikaners niemals eine Steuerprogression als gerecht empfindet, die auch nur annähernd den tatsächlichen Sätzen der Progression entspricht, wie sie linksintellektuelle Experten aus dem US-Schatzamt dem Gesetzgeber durch Vorspiegelung der Gefühle des einfachen Mannes längst abgerungen hatten.

Fast alle progressiven Strafrechtler wollen heute der „moralischen Lynchjustiz der Gesellschaft" Einhalt gebieten. Wäre es aber nicht an der Zeit, das auch in der Steuerpolitik anzustreben? Die Progression ist nichts als eine vermeintlich politisch zweckmäßige Rücksichtnahme auf den Vergeltungs- und Rachedurst des kleinen Mannes. Die Utopie hinter der Progression, eben diesem kleinen Mann eine Gesellschaft zu bauen, in der es keine für ihn „untragbare" Ungleichheit mehr gibt, ist nicht einmal in solchen Gesellschaften und zu Zeiten Wirklichkeit geworden, wo die Progression ins Absurde stieg, also über 90 % mancher Einkommen von einer bestimmten Höhe an wegnehmen konnte. Auch in den USA, wo bis vor wenigen Jahren Steuersätze von über 90 % erreicht wurden, oder in Großbritannien, wo es noch ärger ist, sind die wenigen vergleichsweise wirklich Reichen keineswegs verschwunden. Es wird sie so lange geben, als man es für politisch oder sittlich unmöglich hält, die Progression auf 100 % steigen zu lassen. Es würde, selbst bei einem Steuersatz von 99 %, immer einige wenige Manager, Opernsänger, Dirigenten, Chirurgen, Rechtsanwälte usw. geben, deren Dienste so begehrt sind, daß um sie ein Wettbewerb unter den Zahlungskräftigsten herrscht.

Fiskalisch ist für die meisten Länder der Ertrag der extremen Progression unerheblich. Der Staat könnte ohne diese Einnahmen auskommen. Verhindern, daß irgend jemand sehr viel mehr verdient als der Normalverbraucher, kann die Progression auch nicht. Eine ihrer Wirkungen ist vielmehr die disproportionale Belastung derjenigen Arbeitgeber, die sich, im Interesse ihrer Entwicklungsarbeit, ihrer internationalen Konkurrenzfähigkeit usw. die gesuchtesten Kräfte engagieren müssen. So führt nicht zuletzt auch die Progression der Einkommensteuer zu einer Konzentration der Fähigsten bei einigen Riesenfirmen, die es sich leisten können, über 50 % der Gehälter ihrer Spitzenkräfte an den Staat abzuführen, dabei aber die

Gehälter so zu bemessen, daß der Spitzenkraft netto noch das Zehnfache vom Nettolohn des einfachen Arbeiters im Betrieb bleibt.

Nach dem Wunsche linker Steuerreformer soll z. B. die „Ungerechtigkeit" des Splittingverfahrens beseitigt werden. Dieses sei „untragbar", sei sozial ungerecht, weil es bei zunehmendem Einkommen eines Ehepaares zu immer wesentlicherer Steuer„ersparnis" führe. Man erweckt also den Eindruck, daß die Großverdiener dank des splittings auf Kosten der armen Kleinverdiener ganz zu Unrecht vom Staat etwas geschenkt bekämen! In Wirklichkeit spielt das splitting nur deshalb bei höheren Einkommen eine deutlichere Rolle als bei kleineren, weil wir die Progression als solche haben. Nach Ansicht einiger setzt sich also schon der „sozial ins Unrecht", der von einer Ungleichheit vor dem Gesetz nicht so hart getroffen wird, wie es ihren scheeläugigen Gemütern behagen würde.

Verräterisch ist der neuerdings aufgetauchte Begriff „Steuerverzicht". Wer von „Steuerverzicht" redet, den der Staat in einer schwachen Stunde dem Bürger gewährt habe, meint doch, dem Staat gehörten von rechtswegen 100% des Einkommens eines jeden Untertanen. Und nur aus Großmut verzichtet der Fiskus darauf, diese 100% auch jedesmal restlos einzutreiben. Tatsächlich ist es doch gerade umgekehrt: zuerst verdient der einzelne etwas, und dann verzichtet er auf einen Teil zugunsten der öffentlichen Hand, damit diese solche Aufgaben finanziert, die privatwirtschaftlich schlecht zu lösen sind. Aber der Steuerzahler ist mit Recht entrüstet, wenn er auf einen weiteren Teil seines Einkommens verzichten soll, um über eine Verschärfung der Progression Geld für einen Wahlschlager zur Verfügung zu stellen.

Es ist ursprünglich der Gerechtigkeitsgedanke gewesen, der zum Splittingverfahren führte: in den USA wie bei uns. Das Ehepaar (mit oder ohne Kinder), dessen Haushalteinkommen nur von einem Partner eingebracht wird, soll steuerlich vor dem Gesetz dem Ehepaar gleich sein, dessen Familieneinkommen von jedem der beiden Partner getrennt eingebracht wird. Würde das jetzige Splittingverfahren ganz oder für bestimmte

Einkommensgruppen aufgehoben, sollten sich die Geschädigten in einer Verfassungsklage dagegen wenden und fordern, daß auch solche Ehepartner, die völlig getrennt in ihren Berufen verdienen, grundsätzlich zusammen veranlagt und so besteuert werden, als ob nur der Ehemann das Einkomen hätte. Eine solche Verfassungsklage wäre erfolgversprechend, weil die Einführung des Splittingverfahrens in der Bundesrepublik infolge eines Bundesverfassungsgerichtsbeschlusses vom 17. 1. 1957 als Normalverfahren in die Einkommensteuer aufgenommen wurde. Das Gericht hatte die Haushaltbesteuerung als verfassungswidrig erklärt, weil durch die Zusammenveranlagung (ohne *splitting*) erhebliche Nachteile für die Betroffenen erwachsen.

Es ist ein Mißbrauch des Begriffes Gerechtigkeit, getarnt durch das Adjektiv „sozial", wenn nun auf einmal das Splittingverfahren als „ungerecht" erklärt wird, nur weil nicht alle Steuerpflichtigen davon in gleichem Maße etwas haben: sie haben deshalb nicht alle gleich viel davon, weil sie nicht dem gleichen Steuertarif unterliegen.

In jeder Gesellschaft gibt es zahlreiche gesetzlich verankerte Bestimmungen, Regelungen, Prämien usw., die sich nur für bestimmte Personen oder Firmen in nennenswertem Umfang günstig auswirken. Welch neuer optischer Trick wird eingeführt, wenn es von jetzt an „sozial ungerecht" sein soll, daß von irgendeiner gesetzlichen Regelung für den einen „mehr abfällt" als für den anderen? Der Großexporteur, der vom Staat Prämien, Steuernachlaß oder eine Risikoversicherung erhält, müßte diesen Vorteil mit den Klein- und Nichtexporteuren teilen, weil es ja nicht geht, daß er von einer fiskalischen Regel mehr hat als andere, nur weil ihm das unverdiente Glück zuteil wurde, in großen Mengen exportfähige Waren herzustellen. Und ebenso untragbar wäre nach der neuen Soziallogik auch, daß der eine mehrmals auf Kosten der Gesetzlichen Krankenversicherung in Urlaub (Kuraufenthalt) geschickt wird, weil er die geeignete Krankheit dafür hat, während sein Kollege den Urlaub sich selbst bezahlen muß, obwohl er denselben Kassenbeitrag zahlte. Die Sozialbastler, falls das u. a. gegen das Splittingverfahren vorgebrachte Argument Schule macht, haben noch ungeahnte Möglichkeiten vor sich, einen jeden zum mißgünstigen Vergleich mit jedem anderen aufzuhetzen.

Niemand kann wissenschaftlich begründbar und für andere einsehbar zeigen, was Steuergerechtigkeit wäre. Vorgespiegelte Kontraste genügen dazu eben nicht. Mit der Absetzbarkeit der Kirchensteuer, so etwa der „Spiegel", „profitierten die Reichen überproportional". Wer 100 000 DM verdiene, könne aus Vergünstigungen ein „Steuergeschenk" von 5000 DM „kassieren", während jemand, der 36 000 DM verdiene, „nur 1000 herausholen" kann. Solche Argumente führen irre. Zuerst mißachtet der Staat das Grundrecht auf Gleichbehandlung mit einer progressiven Einkommensteuer, der „sozialen" Gerechtigkeit wegen. Behalten dann die ungleich hart Besteuerten durch steuerliche Möglichkeiten, die allen gleich gewährt werden (wie Getrenntveranlagung von Eheleuten, Absetzbarkeit der Vermögensteuer), zwangsläufig mehr übrig als jene, denen zuliebe man sie ungleich behandelt hat, gilt auch dies wieder als „ungerecht".

Ein Staat jedoch, der keine Werturteile mehr bei Straf- und Eherecht fällen will, der vor allem kein einziges Verbrechen mehr so bestrafen will, wie es die Mehrheit der Bevölkerung wünschen würde, will ausgerechnet und nur bei der Steuerpolitik genau wissen, was ein Mehr an „Steuergerechtigkeit", was sozial gerechter und weniger gerecht sein soll. Woher nimmt er in diesem Fall die Normen? An einem Beispiel läßt sich die Unvereinbarkeit der Wertorientierungen im Bonner Justiz- und Finanzministerium besonders deutlich machen: Da die mit dem oberen Progressionstarif Besteuerten z. B. durch die Absetzbarkeit anderer Steuern oder das Splittingverfahren mehr Steuer sparen als solche, die mit ihrem Einkommen nur in die untere Progressionszone hineinragen, seien diese benachteiligt. Man müsse diese „Begünstigungen" für „Großverdiener" abschaffen. Erst dann werde das Volk das Gefühl wirklicher Gerechtigkeit haben. Wendet man dieses Argument aber einmal aufs Strafrecht an, so sieht man sofort, auf welches Gefühl es sich stützt: Der zu lebenslänglicher oder einer sehr langen Freiheitsstrafe Verurteilte kann heute in der Regel bei guter Führung oder einer Amnestie mit dem Erlaß eines viel größeren Prozentsatzes seiner Strafe rechnen als jemand, der nur eine relativ kurze Freiheitsstrafe zu verbüßen hat.

Käme heute aber jemand auf den Gedanken, bei der Strafrechtsreform zu verlangen, daß Personen mit langen Freiheitsstrafen keinen größeren Prozentsatz ihrer Strafe erlassen erhalten können als Personen mit einer kurzen Freiheitsstrafe, würde dieser Vorschlag als Ausdruck eines archaischen, ja primitiven Rache- und Vergeltungsdenkens abgelehnt; mit größerer Gerechtigkeit habe das überhaupt nichts zu tun.

Weshalb maßt der Fiskus sich an, dem Bürger das Leid, das ihm der besser verdienende Nachbar bereitet, durch die Progression zu lindern, indem er diesem über die Hälfte, ihm vielleicht nur 20 Prozent vom Einkommen wegnimmt? Niemand weiß, wessen Leid je damit wirklich gelindert wurde. Sicher wissen wir hingegen, daß der Staat sich nicht ums Leid jener sorgt, die bei einem anderen auf den steuerfreien Millionengewinn aus einer Lotterie oder dergleichen blicken müssen. Wer die „Ungerechtigkeit" im Los zwischen dem, der gewann, und dem, der nie gewinnt, zuläßt, hat kein moralisches Mandat, irgendwelche „Ungerechtigkeiten" auszugleichen beispielsweise zwischen der Gesamtheit derer, die unter 24 000 und jener, die über 40 000 DM im Jahr verdienen.

Jede *progressive Einkommensteuer* entspringt nämlich reiner politischer Willkür. Der Progressionsverlauf ist weder wissenschaftlich noch ethisch oder psychologisch irgendwie begründbar. Keine Steuerreform kann die „Ungerechtigkeit" aufheben, die entsteht, weil z. B. die Bücher des einen Autors, die Platten des einen Künstlers, die Waren des einen Unternehmers Millionen von Käufern in aller Welt, die des anderen nur wenige finden. Es ist abwegig, wenn die Finanzpolitik versucht, ungleichen Erfolgen mit Progressionstarifen nachzulaufen, um sie aufs „tragbare" Maß herunterzuschrauben. Wer ein Dienstleistungsmonopol hat, wie z. B. viele berühmte Künstler oder Regisseure, schraubt einfach seine Honorarforderung wieder hinauf, bis er dort ist, wo er vor der Verschärfung der

Progression war. „Gerecht" wäre dann allein eine staatliche Dienstverpflichtung z. B. aller Künstler und Literaten zu einem Einheitsgehalt, unabhängig vom Erfolg des einzelnen.

Da es sich um Progressionskurven handelt, die für jeden Menschen etwas anderes bedeuten (z. B. ob jemand eine Million DM im Jahr als 28jähriger Schlagersänger oder als 58jähriger Chirurg verdient), kann es auch keine wissenschaftlich oder sittlich endgültige und eindeutige Feststellung dessen geben, an welchem Punkt eine Steuer gerecht oder weniger gerecht ist. Gerecht wäre nur die Gleichbehandlung eines jeden, also die Abkehr von Progressionstarifen. Alles andere ist Taktik und vermeintlicher Stimmenfang durch Rücksichtnahme auf Gefühle von Rache und Neid.

Man begründet heute die Progression in der Regel allein noch mit der unterschiedlichen Leistungsfähigkeit der Steuerzahler. Der Staat dürfte aber eigentlich den Gleichheitsgrundsatz nur dort durchbrechen, wo eine unersetzliche Leistung nicht anders erzielbar ist. Die durch die Progression eingenommenen Mittel wären aber auch durch proportionale Steuern erzielbar. Würde man es denn etwa für gerecht halten, wenn alle Arbeitnehmer unter 45 Jahren 50 Wochenstunden arbeiten müßten, damit der Sozialpolitiker alle über 45jährigen schon jetzt mit der 25-Stunden-Woche beglücken könnte? Auch dies wäre Ungleichbehandlung nach Leistungsfähigkeit. Man sage nicht, es gebe 30jährige, die matt, und 50jährige, die fit sind; denn derselbe Einwand richtet sich auch gegen die Progression. Die von ihr gerupften hohen Einkommen werden z. B. zum Teil von manchen jungen Leuten sehr leicht und von manchen alten Menschen sehr schwer verdient. Obendrein bleiben diesen nur wenige Verdienstjahre. Wer Gerechtigkeit will, müßte dann auch verlangen, daß hohe Einkommen, die man vor dem 45. Lebensjahr hat, viel schärfer besteuert werden als solche, die jemand über 45 verdient. Wenn die Verschiedenheit der Leistungsfähigkeit (die man unzulässigerweise nur am Brutto-Einkommen abliest) die Progression „gerecht" machen soll, müßte ein unterschiedlicher Progressionsverlauf je nach Lebensalter die Steuer noch viel „gerechter" machen.

Ob linke Parteien sich mit einer solchen Reform allerdings den Zorn jugendlicher „Größtverdiener" in künstlerischen und literarischen Branchen zuziehen wollen, ist sehr fraglich. Wer bliebe ihnen denn noch als telegener Image-Polierer? Welche Willkür sich hinter der Progression bei der Einkommen- (und auch der Erbschaft-)steuer verbirgt, zeigt folgende Überlegung: Linken Gemütern gilt ein Tarif, der bei 35 Prozent des Einkommens aufhört, weniger gerecht als einer, der bis 65 oder 75 Prozent reicht. Falls die „Gerechtigkeit" also in dieser Richtung zunähme, müßte der „gerechteste" Tarif einer sein, der bis zu 99,999 Prozent an der Spitze geht. Und der ist offensichtlich absurd; außerdem könnte niemand ohne Willkür sagen, von welchem Einkommensteil an der Satz von 99,999 Prozent gelten soll. Alle Experten sind sich hingegen theoretisch einig, daß eine absolut gerechte Einkommensteuer eine wäre, die niemand besteuert. Dann aber müßte eigentlich ein Tarif, der bei 25 oder 35 Prozent aufhört, doch wieder gerechter sein als einer, der darüber liegt?

Wir sehen also: *Gerecht* kann immer nur ein Tarif sein, der alle Einkommen proportional besteuert. Es kann nicht Aufgabe des Staates – lies: mißgünstiger Politiker und ihrer Experten – sein, zu entscheiden, ob man die 10, 20 oder 25 Prozent des Einkommens, die man an Steuern zahlt, bei einem niedrigeren oder höheren Einkommen mit größerem oder kleinerem Schmerz hergibt. Sobald man hier psychologisiert, müßten unzählige Faktoren des Einzelfalls berücksichtigt werden. *Günter Grass* riet 1971 z. B. Bonn, man solle „die Reichen" viel schärfer schröpfen. Er selbst gehört dazu. Aber die halbe Million DM, die ihm pro Jahr überwiegend aus Tantiemen zufließen, sind so leicht verdient, daß ein Tarif von 65 Prozent ihn tatsächlich vielleicht nicht wesentlich mehr stört als einer, der bei 53 Prozent aufhört. Anders ist es beispielsweise beim Chirurgen, der ein Jahr lang täglich mehrere Stunden im Operationssaal stehen muß, zu jeder Sekunde ein Menschenleben auf des Messers Schneide vor Augen, um brutto dieselbe halbe Million zu verdienen.

Ein Steuerzahler in der obersten Progressionszone sollte

doch einmal vor dem Verfassungsgerichtshof wegen Verletzung des Gleichheitsgrundsatzes klagen. Der Bundesfinanzminister könnte, wie mir scheint, nicht behaupten, er brauche gerade *die* Summen, die diese Progression einbringt. Er kann kein höheres Gut geltend machen, sondern nur die Gefühle des Normalmenschen. Und diesen haben wir ja der Strafrechtreformen zuliebe schon vor langem zu Grabe getragen. Heute kann ein Computer in Minuten errechnen, wo ein für alle verbindlicher Proportionaltarif der Einkommensteuer liegen müßte, welche Steuervergünstigungen für alle beseitigt werden könnten und welche Verbrauchssteuern um welche Bruchteile eines Prozents angehoben werden müßten, um – für keinen praktisch spürbar – den gesamten Ausfall an Steuereinnahmen wettzumachen, der durch den Verzicht auf das Progressionsprinzip entstünde. Wer diese Frage erfolgreich anpackt, könnte selbst als Finanzminister in die Weltgeschichte eingehen.

# 12. Genosse Copyright und sein Kapital

In den letzten hundert Jahren ist in den westlichen Demokratien das Recht, Vermögen zu vererben, durch Steuern immer weiter beschnitten worden. Und das Ende dieser Entwicklung ist nicht in Sicht. Heute gilt vielfach schon der bloße Gedanke, Erblasser oder Erbe eines nennenswerten Vermögens zu sein, als undemokratisch, unsozial, ja unmoralisch. In demselben Zeitraum haben aber gerade diejenigen Intellektuellen, denen diese Ächtung des Erbprinzips in der öffentlichen Meinung gelungen ist, für ihre eigenen Erben bis ins fernste Glied dank williger Gesetzgeber immer besser vorzusorgen verstanden: 30, dann 50, nun 70 Jahre ein Monopol auf Ausbeutung all dessen, was Großvati oder Urgroßvati gedichtet, gemalt, komponiert hat. Vielleicht werden es bald 99 Jahre sein. Ist unseren linken Literaten vor lauter „sozialer Engagiertheit" nie aufgefallen, wie unglaubwürdig sie mit ihrer Schützenhilfe für linke Erbschaftsteuerpläne sind?

Auf einer Sitzung der Reformkommission für das Steuersystem forderte der gewerkschaftsnahe Steuerberater Willy Köppen die scharfe Erhöhung der Erbschaftssteuer mit den Worten: „Die Kinder erhalten ihre Ausbildung, den Rest müssen sie selbst besorgen. Ich kann mir nicht vorstellen, daß jemand für seine Kinder Vermögen bildet." Darauf das Kommissionsmitglied Volkmar Muthesius: „Für wen denn sonst?"

Eben! Für wen anders denn als ihre Kinder und Enkel ließen sich die Literaten die Schutzfrist des Urheberrechts von früher 30 auf heute 70 Jahre nach dem Tod des Urhebers verlängern? Einst dauerte die Schutzfrist 30 Jahre, in einigen Ländern auch weit weniger. Dann wurde die Schutzfrist auf 50 Jahre nach dem Tod des Urhebers ausgedehnt. Und in der Bundesrepublik gelang vor wenigen Jahren einer Literatenlobby, deren Mitglieder sich überwiegend ihrer sozialistischen Gesinnung brüsten, die Ausdehnung der Schutzfrist auf 70 Jahre nach dem Tod des Verfassers. Angestrebt wird von ihnen jetzt eine Frist von 99 Jahren.

Eben diese Literaten aber, die sich oft durch ihren schicken Marxismus zum Markenartikel auf dem Mediamarkt gemacht haben, eifern über die ihrer Ansicht nach zu milde Erbschaftssteuer bei uns. In Wirklichkeit hinterläßt so mancher mittelgroße Unternehmer (dessen Firma durch eine Erbschaftsteuer, wie sie DGB und Linke fordern, aus der Hand seiner Kinder genommen würde, weil die Mittel für die Steuer nicht flüssig sind) weit weniger Vermögen als mancher Autor, Komponist oder Künstler, die alle heute ihren Erben ein Tantiemenmonopol hinterlassen, das bis zu 70 Jahren unantastbar bleibt. Obendrein kann dieses beim Erbfall steuerlich fast nie realistisch bewertet werden. Niemand konnte beim Tode Hermann Hesses 1962 ahnen, daß seine Frühwerke 1970 durch Millionen von jungen Amerikanern zum Bestseller gemacht würden. Steuerlich war dieses Kapital beim Tode des Autors völlig unerfaßbar.

Selbst wenn ein Urheberrechtbesitzer mit 60 noch einmal eine junge Frau heiratete, Kinder zeugte und mit 70 stürbe, flössen die Tantiemen nicht nur seinen Kindern bis ins hohe Alter in die Taschen, sondern auch noch seine Enkel täten sich gütlich daran. In vielen Fällen bereichert das Urheberrecht heute selbst die Urenkel des Erblassers.

Ob unsere (meist sehr linken) Stars von Dichtung, Bühne und Konzertsaal je begreifen werden, daß ihre *einmal* hingeschriebenen oder gesungenen Wort-, Noten- und Lautfolgen nichts anderes sind als *ihre* Produktionsmittel, mit denen sie schamlos alle jene „ausbeuten", die sie nötig haben, um ihr Produkt an die Leute zu bringen? Man beobachte doch nur, wie wütend und drohend die Literaten 1969 ihre Regierungen bestürmten, doch ja nicht das Stockholmer Protokoll zu ratifizieren, das die Urheberrechte an Nachdrucken in Entwicklungsländern preisgeben würde. Falls sie ahnten, daß man ihre Produktionsmittel konsequenterweise auch im Binnenland zu Gunsten der weniger erfolgreichen Dichter, Sänger, Komponisten usw. umverteilen müßte, wäre es mit ihrem schöngeistigen Schwarm für den Sozialismus vielleicht rasch vorbei.

Keine Industrieaktie kann es je mit dem Ertragspotential eines erfolgreichen urheberrechtlich geschützten Werkes aufnehmen. Ein einziger Schlager, wie „Lili Marleen" zum Beispiel, spielt heute – im Jahr 1971 – jährlich den Inhabern des Copyrights für dieses Lied 200 000 DM an Tantiemen ein. Die Inhaber der Urheberrechte für „My Fair Lady" haben nach eigenen Angaben jede Übersicht verloren, wie reich sie damit geworden sind. Nicht zuletzt, weil Tausende von Musikern, Schauspielern und Bühnenarbeitern auf der ganzen Welt jede Nacht für sie tätig sind.

Produktionsmittel, wie Fabrikanlagen, aber auch Geräte für Dienstleistungsbetriebe, gelten dem Marxisten als Ausbeutungsinstrumente. Ihr Besitz in privater Hand sei ungerecht, weil dadurch eine Person, nach ein wenig anfänglicher eigener Arbeit, sobald der Laden läuft, vom Arbeitsertrag anderer einen Gewinn einstreiche. Noch nicht völlig verbohrte Marxisten werden vielleicht so etwas wie eine vorübergehende unternehmerische Leistung zugeben: das Erkennen einer Marktlücke, die Produktplanung, der Aufbau eines Vertriebssystems. Sobald aber Herstellung und Absatz laufen, könnte der Unternehmer (übrigens auch der Erfinder, dessen Patent oder Lizenz er kaufte) sich zur Ruhe setzen. Ihm fließen nun aus der Arbeit der „Lohnabhängigen" die Gewinne zu. Theoretisch braucht er sich um nichts mehr zu kümmern.

In der rauhen wirtschaftlichen Wirklichkeit gibt es heute als Unternehmer diesen Kapitalisten nur noch selten. Als reinen Typ finden wir den „Monopolkapitalisten" heute hingegen als Bühnenautor, aber auch als Komponisten, als die Inhaber patentfähiger Erfindungen. Nur sind die letztgenannten selten Marxisten. Die Bühnenautoren aber heute sehr oft. Und das ist erstaunlich. Marxisten wie Peter Weiss verkörpern den reinsten Typus des „ausbeuterischen Kapitalisten", sofern man eben an diesen Unhold zur eigenen spätmarxistischen Erbauung glauben muß. Und das tun Herren wie Peter Weiss, das taten Autoren wie Bertolt Brecht, mit Inbrunst. Nur meinen sie dabei eben nie sich selbst. Der Bühnenautor schreibt, meist in wenigen Wochen oder Monaten, praktisch ohne wesentliche Unkosten, einen Plan nieder, das Stück. Dieses bringt ihm nur Geld ein, wenn es (in Europa meist sehr mäßig bezahlte) Schauspieler und Bühnenarbeiter gibt, die Nacht um Nacht im Geschirr seiner Gedanken dieselbe Fließbandarbeit verrichten. Unserem marxistischen Stückeschreiber geht es sogar noch besser als den meisten Fabrikanten: die örtlichen Produktionsanlagen, wo andere für ihn und nach seinen Direktiven arbeiten, werden in Europa meist vom Steuerzahler zur Verfügung gestellt und laufend subventioniert.

Für den Marxisten müßten einander Unternehmer und Bühnenautor aufs Haar gleichen: beide haben sich ein System von Direktiven ausgedacht, das allein durch die Arbeit anderer für den Urheber etwas einbringt. (Ohne diesen gäbe es zwar keine Arbeit, aber daran denken Marxisten ungern.) Ein Bühnenstück, eine musikalische Komposition muß nur einmal hingeschrieben werden. Das Urheberrecht verwandelt das Manuskript automatisch in ein potentiell ungeheuer ertragreiches Produktionsmittel. Das Stück kann unzähligemal, über Jahrzehnte hinweg, oft am selben Abend in Dutzenden von Städten in aller Welt aufgeführt werden. Schauspieler oder Musiker müssen Nacht um Nacht, allein für ihren Lohn wie jeder Fabrikarbeiter auch nach den Direktiven des Urhebers sich abmühen. Falls es ein Erfolgsstück ist, werden dieselben Schauspieler eventuell Abend für Abend, ein oder zwei Jahre lang, ausnahmslos dieselbe Rolle spielen müssen. Bereits in einem erfreulichen Stück wirkt sich das auf die Persönlichkeit des Schauspielers oft ungünstig aus. Marxistische Autoren schreiben aber keine erfreulichen Stücke. An jedem Abend beispielsweise, wo immer auch auf der Erde eine Truppe durch sein Stück „Marat/Sade" wankt und ächzt, sich ihrer selbst entfremdet, wird ein Peter Weiss um ein paar Tausender reicher, ohne auch nur einen Finger zu rühren. Das ist Profit aus der

Arbeit anderer, denn die Entlohnung für seine eigene Zeit fürs Abfassen des Stücks hat ein Weiss, hatte ein Brecht schon mit ein paar Aufführungen an einer einzigen größeren Bühne längst verdient.

Die wenigsten Zeitgenossen machen sich offenbar Vorstellungen von der Größenordnung der Gewinne heutiger Erfolgsautoren. Dem besten amerikanischen Lustspielschreiber, Neil Simon, 42 Jahre alt, bringen die Aufführungen seiner verschiedenen Stücke nach Schätzung der Fachzeitschrift „Variety" im Jahr etwa 10 Mio. DM ein (Filmrechte sind dabei noch nicht einmal berücksichtigt). Simon übrigens ist kein Marxist. Peter Weiss hingegen ist einer. Stört es ihn wirklich nicht, daß an einem beliebigen Abend, während er vor seinem Kamin sitzt und über die Unmoral des Kapitalismus nachdenkt, gleichzeitig in einem Dutzend Länder, auf mehreren Dutzend Bühnen, Schauspieler sich durch drei oder vier seiner Stücke quälen müssen? Ihr Schweiß schlägt sich an *einem* solchen Abend auf seinen Konten als 50 000 DM oder mehr nieder. Oder stört es ihn im Grunde so sehr, daß er sein Gewissen nur mit dem Opium der Intellektuellen, der marxistischen Utopie, betäuben kann?

Nichts ist schwerer, als sich selbst zu erkennen, aber weshalb fällt es auch reflexionsgeübten Literaten so schwer, einzusehen, was sie sind? Nämlich Unternehmer, Kapitalisten, „Ausbeuter" eines absoluten „Monopols"? Seit kurzem wird den Literaten endlich ein Spiegel vorgehalten, aus dem ein Kapitalist zurückschaut: Die im Oktober 1970 in Baden-Baden uraufgeführte Komödie von Joseph Breitbach enthüllt das wahre wirtschaftliche Wesen der Erfolgsautoren in höchst amüsanter Weise durch einen ungemein bühnenwirksamen Einfall.

In der Komödie „Genosse Veygond" wird dieser Genosse, millionenschwerer Erfolgsautor und Paradepferd der Kommunistischen Partei Frankreichs, hinter dem eisernen Vorhang einer Bühne, wo sein Stück soeben die 50. Aufführung erlebte, gefangengesetzt. Es ist der Abend vor den Theaterferien gewesen, und ein Team sehr junger konsequenter Marxisten kann sich zur Bekehrung des neiderregenden Veygond Zeit lassen.

Der Genosse und seine ebenfalls in die Falle gegangene Frau sollen einsehen, daß ihr Luxusleben durch den „Mehrwert" ermöglicht wird, der anfällt, wenn andere an Theatern, in Verlagen und Druckereien für den Copyright-Kapitalisten schuften. Veygond soll gezwungen werden, sich selbst zu sozialisieren.

Man hält ihm vor: „Wenn du deinem Verleger ein von dir mit der Maschine geschriebenes Werk übergibst, ist für dich alle Arbeit daran zu Ende ... Das Buch bringt dir also, ohne daß du den kleinen Finger noch einmal rühren mußt, sozusagen während du schläfst, mit jedem verkauften Exemplar neues Geld. Und deine Prozente am Umsatz wachsen sogar mit dem Erfolg! Das Buch ist ein Kapital geworden, und du akkumulierst." Weil Genosse Veygond nicht verstehen will, greift man zu einer Analogie:

„Angenommen, du seist ein Erfinder auf einem anderen Gebiet als auf dem literarischen. Chemiker zum Beispiel. Und du würdest die Formel für ein neues Arzneimittel erfinden. Dann bringt der Chemiker Veygond das Papier, auf das er die Formel geschrieben hat, einem Industriellen, verkauft es dem, und die Formel wird von den Arbeitern der Fabrik in eine Ware verwandelt, die man mit dieser *einen* Formel immer wieder auf die gleiche Weise mit wachsendem Profit herstellen kann. Genauso wie Galmar einen nur einmal geschriebenen literarischen Text hunderttausendmal in eine Ware verwandelt, an der du ebensooft verdienst wie er."

Weshalb solche Copyright-Kapitalisten als Genossen nicht nur ein gutes soziales Gewissen haben dürfen, sondern der Partei zuliebe sogar haben müssen, begründet am Ende von Breitbachs Komödie der herbeigeeilte Departementleiter der Kommunistischen Partei den verdutzten Kidnappern sehr einleuchtend: Für jeden aber, dem der Zynismus eines Zentralkomitees der KP nicht genügt, ergeben sich weitere Fragen.

Weshalb begreifen unsere Literaten nicht an sich selbst, daß die freie Unternehmerwirtschaft, auf Gewinnmaximierung bedacht, die bestmögliche Versorgung des Publikums mit Gütern und Dienstleistungen aller Art bringt? Unternehmer tun genau das, was erfolgreiche Multimedia-Literaten tun: Sie lassen keine Gewinnchance ungenutzt, und deshalb ist ihre Ware stets dort, wo sie jemand kaufen möchte, im kleinsten Ort wie im größten Warenhaus. Gerade der Literat, der sich selbst zum Markenartikel stilisiert hat und von geneigten Medien und Regierungen als solcher im In- und Ausland, von Goethe-Institut zu Goethe-Institut, herumgereicht wird, jagt jedem Profit nach, der in seinem Image steckt: hier ein Fernsehauftritt, dort ein Hörfunkgespräch, da ein Vortrag, dort ein Vorabdruck. Er gleicht aufs Haar dem Unternehmer, der täglich nachdenkt, wo seine Ware noch anzubieten wäre. Und verdient genausogut.

Ausgerechnet dem Starkritiker und Verächter der gewinnorientierten Privatwirtschaft, Theodor W. Adorno, bestätigte Joachim Günther im Nachruf in der „Frankfurter Allgemeinen", wie sehr Adorno ein Kapitalist war, der auch noch den letzten Pfennig aus seinem Kapital zu pressen wußte. Er bewunderte nämlich Adornos „ausgebreitete außerakademische Schriftstellerei und Vortragstätigkeit, bei der sich beide Produktionsweisen so kombinierten, daß er alle Medien der Geistesvermittlung nacheinander mit wortgetreu denselben Texten beliefern konnte, erst Vortrag oder Diskussionsbeitrag, dann Radiosendung, dann Zeitschriften- oder Zeitungspublikation, dann Buch". Auf jeder Stufe kassierte Adorno, der Spätmarxist, der sein Urheberrecht kannte, und seine Erben können es bis zum Jahr 2040, ohne einen Finger zu rühren. Und gerade diese Erben machen das gute Gewissen der Genossen noch unerklärlicher.

Die Opposition in linksbeherrschten Parlamenten Europas sollte sich jede Erhöhung der Erbschaftsteuern nur durch einen Kompromiß abzwingen lassen: Für jede Stufe ihrer Verschärfung sollte zugleich die Schutzfrist beim Urheberrecht um zehn Jahre gekürzt werden. Über Nacht wären unsere linken Erfolgsautoren die eifrigsten Verfechter der Eigentumsordnung. Vielleicht werden einige aber vorbringen, sie hätten bei der Schutzfrist nicht ans Geld für die Enkel gedacht, sondern nur an den Schutz ihrer Werke vor fremden Herausgebern, vor Verfälschung und Entstellung? Mag sein, aber das Recht auf Tantiemen und das Recht auf Kontrolle der Editionen ließen sich ohne weiteres trennen. Und weshalb soll der Unternehmer, der kein literarisches, sondern ein industrielles Werk hinterläßt, dieses nicht in gleicher Weise durch seine Erben in der von ihm gewünschten Weise fortgesetzt wünschen? Diese müßten in der Regel dazu hart arbeiten und könnten im Testament dazu verpflichtet werden. Die Erben der Copyright-Kapitalisten hingegen kassieren stets, ohne einen Finger zu rühren.

# 13. Öffentliche Opulenz und private Askese?

Mit keiner Pose poliert ein Politiker heute sein Image leichter als mit der Verdächtigung privater Konsumgewohnheiten, die uns das Geld für „gesellschaftliche" Aufgaben (und ihm natürlich das Geld für Wahlgeschenke aller Art) stehlen. In den USA 1958 erstmals laut geworden, ist die These von der „Schere zwischen privatem Reichtum und öffentlicher Armut" seither in den westlichen Demokratien zur Lieblingsthese vor allem linker Steuerreformer geworden.

In Wirklichkeit ließen sich viele Wünsche an die Zukunft aus dem Katalog der „gesellschaftlichen Aufgaben" weitgehend erfüllen, wenn die Bürger durch *Verhaltensänderungen* die Infrastruktur und Umwelt entlasten würden, ehe sie Unsummen beim Ausbau oder bei der Sanierung verschlingen. Zunehmender Verzicht auf den Individualverkehr im eigenen Auto, Vermeidung bzw. Änderung bestimmter Heizgewohnheiten oder Produktionspraktiken, maximale oder optimale Nutzung heute bereits vorhandener (Aus-)Bildungsmöglichkeiten: überall gäbe es schon Entlastungs-, Nutzungs- und Schonungsmöglichkeiten, wenn die Bevölkerung durch bloße Aufklärung übers Gemeinwohl zu vernünftigerem Verhalten gebracht werden könnte. Gerade dies traut man ihr aber offenbar nicht zu. Man weiß im Grunde, wie langsam sich unzweckmäßig gewordene Verhaltensweisen ändern, wenn je. Sieht man aber dies erst einmal ein, ist auch die hinter jeder zentralen Planung stehende Hoffnung naiv, daß sich die nötigen neuen Verhaltensweisen im Lauf der Zeit einstellen würden, ohne die das Ziel der Planung unerreichbar bleibt.

Meist an erster Stelle unter den vernachlässigten öffentlichen Aufgaben nennt man ein optimales *Straßennetz.* Wenn aber darunter eines verstanden wird, auf dem jeder Bürger über 18 zu jeder Stunde des Jahres (und seines Lebens) seinen privaten Wagen mit mehr als 160 km/h beliebig lange fahren kann, ohne sich und andere zu gefährden, wird es ein solches Straßennetz nie geben, gleichgültig wieviel Geld wir dafür ausgeben. Was not täte, sind Politiker mit genug Mut, um ihren heutigen Jungwählern ab 18 zu sagen: Glaubt nicht, daß ihr mit 35 oder 45 noch so freizügig im eigenen Pkw herumsausen könnt, wie es eure Väter noch konnten, als sie jung waren. Welcher Politiker, der auf die Stimme forscher Burschen von 18 schielt, wird so etwas je sagen?

Und welcher Politiker, dem die Stimmen harter Männer zwischen 18 und 60 teuer sind, wird auf eine Straßenverkehrsordnung hinarbeiten, die Motorräder in absehbarer Zeit verbietet? Welche Heuchelei ist es aber, wenn man einerseits eine lärmfreie Umwelt und das Sicherheitsauto fordert, andererseits aber dem als reine Modetorheit seit kurzem wieder in immer größeren Zahlen erscheinenden Motorrad zujubelt? Vor sieben bis zehn Jahren war das Motorrad am Verschwinden. Es zählt für den Fahrer zu den unsichersten Kraftfahrzeugen, das alle Gefahrenmomente bietet, die man den Automobilherstellern zur Vermeidung auferlegt. Und die nächtliche Heimkehr eines stolzen Motorradbesitzers weckt ein ganzes Stadtviertel auf.

Viele der „gesellschaftlichen Aufgaben" sind, wenn man genau hinsieht, nur Einrichtungen, die letztlich einem *höchst privaten Vergnügen* dienen. Fragt man beispielsweise einen Bildungspolitiker, weshalb denn nun wirklich jeder, gleich welchen Beruf er hat, so „gebildet" sein muß, wie ein Abiturient es bestenfalls vor 40 Jahren sein konnte, so hört man nicht selten dem Sinne nach etwa folgendes: „Damit er auf seiner Fernostreise *sich verständigen kann* und von den Eindrücken etwas hat." Gut. Warum auch nicht. Nur stört mich dann der scheinheilig erhobene Zeigefinger gegen die so „unsozialen" Ferntouristen von heute, die künftig weniger weit fliegen und dafür mehr Steuer zahlen sollen, damit ihre Enkel aus einem Schulsystem entlassen werden, das auch dem letzten Banausen noch beigebracht hat, wie man vor einem Tempel in Thailand auf englisch für eine Lady aus Boston das Erlebnis kunsthistorisch nachempfindet.

In der heutigen Diskussion des Konsumverzichts zugunsten „gesellschaftlicher Aufgaben" verquickt sich unlogischerweise die aus dem letzten Krieg manchen Leuten noch in den Knochen steckende, auf einen durch einmalige Anstrengung erreichbaren Endsieg fixierte Luxusfeindschaft mit andersgearteten Aufgaben, deren Anspruch auf Befriedigung durch öffentliche Einrichtungen weit geringer wäre, wenn sich die Bevölkerung entbehrlicher oder einschränkbarer Freizeitbetätigungen entwöhnen könnte. Mit welchem Recht mutet man dann aber *heute* den Erwachsenen Konsumverzichte zu, die im wesentlichen Mittel für Einrichtungen freisetzen sollen, die nur deshalb soviel kosten werden, weil die Kinder und Enkel sie wieder zum Privatvergnügen in gleicher Weise benutzen werden wie ihre jetzt deswegen getadelten Eltern?

Gewiß gibt es gesellschaftliche Aufgaben, deren Lösung der Staat langfristig planen kann und planen muß, weil er ein Monopol zu ihrer Befriedigung besitzt. So läßt sich z. B. kaum ein wichtigeres öffentliches System für eine moderne und menschliche (unter anderem Mittel für Hilfe und gegen Vereinsamung) Gesellschaft denken als ein optimales Fernsprechwesen. Es läßt sich aber ausbauen und betreiben, ohne daß der Staat – im Gegensatz zur Pflichtversicherung – irgend jemand zwingen muß, diesen Dienst in Anspruch zu nehmen. Ja, das System finanziert sich selbst aus seinen Gebühren so glänzend, daß noch Mittel zur Deckung des Postdefizits übrigbleiben. Hätte man den Mut zu den in anderen Ländern selbstverständlichen Autobahngebühren, wäre hier ähnliches durchaus erreichbar.

Es kann auch nötig werden, die Einwohner eines Landes zu veranlassen, für bestimmte wünschenswerte Aufgaben mehr Geld als bisher einzusetzen. Dies kann ohne Zwang und ohne zentrale Planung geschehen. In den letzten 20 Jahren kam es zu einer enormen Bausparatätigkeit, wesentlich mitverursacht durch entsprechende Steuergesetzgebung. Es waren aber die freiwilligen Entscheidungen vieler Millionen von Individuen, die diese gezielte Spartätigkeit entfalteten und damit einen hohen Wohnstandard brachten. Weshalb soll es nicht möglich sein, in den nächsten 20 Jahren in ähnlicher Weise über die freien Entscheidungen von Millionen von Bürgern Mittel für bestimmte öffentliche Aufgaben zu bekommen?

Wer noch so jung ist, daß er 40 Jahre Fahren auf den Autobahnen vor sich hat, könnte beispielsweise, wenn es sie gäbe, steuerbegünstigte Anteile an Autobahnen kaufen und dafür, als zusätzliche Prämie, später von den Autobahngebühren befreit werden. Weshalb sucht man nicht nach Wegen, die es dem zum Konsumverzicht aufgerufenen Bürger gestatten, mitzuentscheiden, ob seine Einsparung den Straßen, den Schulen oder den Krankenhäusern zugute kommt? Wer 30 Jahre alt ist, spart vielleicht lieber den Schulen oder Straßen, wer 55 ist, den Altersheimen und Kliniken zuliebe. Weshalb scheuen unsere Politiker die vielgerühmte demokratische „Transparenz" gerade bei den Kanälen, durch die das mit privaten Konsumverzicht eingesparte Geld fließen soll?

Auf einem Tribunal der Wohlstandsgesellschaft, das vor ein paar Jahren in der Schweiz stattfand, fielen mir zwei Thesen auf. Man gibt zunächst zu, daß unsere Industrieprodukte immer besser und vollkommener werden, aber die Facharbeiter und Ingenieure, die sie herstellen, würden doch im Grunde unersetzliche Stunden ihres Lebens für Käufer verschwenden, die überhaupt nicht in der Lage sind, diese Wunderwerke der Technik und Massenfertigung auszuschöpfen. So ein britischer Sozialkritiker in seinem Vortrag in Zürich. Er ging dabei von der Beobachtung eines Schulbuben aus, der ihm, mit einer Hochleistungskamera um den Hals baumelnd, auf der Bahnhofstraße begegnet war. Es sei ein Zeichen für die Sinnlosigkeit, die Krankheit, die Vergeudungssucht unserer Industrie- und Wohlstandsgesellschaft, daß in Japan und Deutschland Facharbeiter kostbare Lebensstunden (die sie besser an einem See verträumt hätten) vergeuden müssen, um wundervolle Kameras mit allen Finessen herzustellen; denn am Ende würden diese

Apparate von unreifen Leuten oder gelangweilten älteren Damen gekauft, die mit einer Kamera zu einem Zwanzigstel des Preises ebensogut photographieren könnten. Besser noch, sie sollten sich gleich mit einer Postkarte vom Kiosk begnügen.

Falls dies eine „neue" Version der Konsumkritik werden soll, stellen sich einige Fragen; ganz abgesehen davon, daß jener Bub vielleicht die Kamera Nr. 3 seines Vaters, des Berufsphotographen, ausgeliehen hatte.

Haben Schneider ihr Leben in sinnloser Arbeit vertan, weil die meisten ihrer Kunden die Maßanzüge über Körpern trugen, die nicht gerade Adonis glichen? Und da jener Brite in seinem Vortrag auch die obligaten Tränen über die Entwicklungsländer vergoß, müßte man fragen, ob nicht in vielen Fällen die westlichen Industrieprodukte, die man als Entwicklungshilfe aufdrängte, dort buchstäblich unnütz blieben und verrosteten? Hingen aber je des Menschen Werk und seine Befriedigung als Arbeiter, als Schöpfer davon ab, daß sein Produkt zu hundert Prozent von wahren Kennern und Könnern gewürdigt und benützt wurde? Kam sich ein großer Künstler je vergeudet vor, weil er wußte, daß vielleicht nur einer unter hundert Menschen, die sein Werk in der Galerie betrachteten, es wirklich zu würdigen versteht?

Und wie steht es um den Preis? Könnte der Berufsphotograph, der ernsthafte Amateur je eine Hochleistungskamera erschwingen oder gar drei oder fünf Exemplare davon besitzen, wenn es nicht zusätzlich zahlreiche Käufer für diese Apparate gäbe, die ihre technischen Möglichkeiten in der Tat *nicht* ausschöpfen können? Zumindest wäre bei einem zehnmal kleineren Markt für solche Kameras der Verlust eines Apparates für den Bildreporter oft eine Existenzbedrohung. Und wenn wir schon anfangen wollen, Industriearbeiter zu bemitleiden, weil einige Wunderwerke der Technik auf dem Verbrauchermarkt von Banausen gekauft und benützt werden, müßten wir auch Tränen für den Zahnarzt vergießen, der sich Mühe mit Plomben gibt, gleichgültig, ob der Patient Vegetarier oder Fleischesser ist. Und auch für den Chirurgen, der eine schwierige Kehlkopfoperation ausführt, gleichgültig, ob der Geheilte danach predigt oder keift, Opern oder Schlager singt.

Als ich ihm solche Fragen stellte, wußte der Wirtschaftskritiker aus England nichts Rechtes zu antworten und flüchtete sich in eine Erörterung des Brutto-Sozialproduktes. Bald danach mußte er sich vor dem Ende der Diskussion entschuldigen, um ein Flugzeug nach Kopenhagen zu erreichen, wo er am Abend noch einen Vortrag (vor unruhigen Studenten, wie er sagte; vermutlich über die Sinnlosigkeit unserer Industriegesellschaft) zu halten hatte. Ich bezweifle, ob ihm beim Flug gedämmert ist, daß er nur deshalb zu einem erträglichen Preis die Flugkarte bekam, weil täglich Millionen von Menschen auf der Welt fliegen, die sicher – seiner Philosophie gemäß – genausogut daran wären, wenn sie blieben, wo sie sind?

Seit Jahren liest und sieht (im Fernsehen) man die ewig gleichen Jeremiaden über den Konsumzwang. Spätpuritanismus (Galbraith) und Spätmarxismus (Marcuse) haben sich mit Spättheologie aller Konfessionen vereinigt, um den (spätbegreifenden) Bürgern die Lust am Konsum zu nehmen. Wohl damit die ,,Lust am Sozialismus" (unter dem es erfahrungsgemäß wenig zu konsumieren gibt) um so größer werde. Zwar habe ich in verschiedenen Büchern seit 1956 immer wieder auf die Widersprüche in der Konsumkritik, ihre Anmaßung und ihr Mißverständnis der menschlichen Psyche hingewiesen, aber vor kurzem sah ich ein Konsumverhalten, das für die Verteufelung der Werbung weitere Fragen aufwirft: Mir lief ein *Brillenfetischist* über den Weg. Das war seine eigene Diagnose. Und sie muß stimmen, denn es handelte sich um einen weltberühmten Professor der Psychiatrie, dessen Bücher in vielen Ländern insgesamt eine Millionenauflage erlebt haben. Deshalb kann er auch dem Brillenfetischismus frönen. Als ich ihn sprach, besaß er bereits 283 Brillen.

Während einer internationalen Tagung kam ich gerade aus der Tagungshalle, als der Psychiater, ein Referent der Veranstaltung, aus einem Taxi stieg. Er begründete sein Schwänzen der Sitzung mit der Bemerkung, er habe sich eine Brille beim Optiker holen müssen, ehe der Laden schloß. Bedauernd fragte

142

ich: „Ist Ihnen Ihre Brille hier zerbrochen?" „Aber nein", erwiderte er, „keineswegs. Ich habe mir nur zwei neue Brillen abgeholt, die ich gestern im Schaufenster eines Optikers sah und einfach kaufen mußte." Der Psychiater spürte meine Verwunderung und fuhr fort: „Ich bin nämlich ein Brillenfetischist; wenn ich an einem Optikerladen vorbeigehe und ein Gestell sehe, das ich noch nicht habe, muß ich es einfach kaufen. Mit den dazugehörigen Gläsern natürlich. Das Rezept trage ich deshalb immer bei mir." Damit holte er seine jüngste Erwerbung aus der Tasche. Es waren in meinen Augen Brillengestelle wie viele andere auch: funktionell, modern, ein bißchen Metall, ein bißchen Kunststoff, der Steg vielleicht ein wenig anders als sonst, aber keineswegs aufregend. Den Psychiater aber machten sie glücklich. Freudig zeigte er mir sogar, wie das Muster am Bügel der einen Brille mit dem des Bandes seiner Armbanduhr harmoniere.

Was lehrt diese Geschichte? Besitzt jemand einige Dutzend Photoapparate oder fünf Automobile, würden unsere Konsumkritiker wieder anklagend auf die Werbung zeigen: welche Verführung, welche Verschwendung! Nun kann aber niemand behaupten, wir würden mit Werbereizen für Brillengestelle überflutet. Daß die Optiker aller Länder, durch die unser Psychiater reise, als Zeichen ihrer Zunft Brillen im Fenster liegen haben, die sich voneinander ein wenig unterscheiden, kann man ja nicht als intensive Werbung auslegen. Zur Zeit, wie die Demoskopie aus Allensbach bewiesen hat, bemühen sich unsere Optiker höchstens um die halbblinden Autofahrer, die sich noch nicht einmal zur ersten Brille entschließen konnten. Und kein Optiker, bei dem ich je zu tun hatte, hat versucht, mir ein zweites oder drittes Modell aufzuschwatzen. Mein letztes trug ich zwölf Jahre lang, bis es endgültig vorne auseinanderbrach.

Wir dürfen also annehmen, daß ein erheblicher Teil des Konsumverhaltens durch rein private, oft sogar geheime und idiosynkratische, also spezifisch persönlichkeitsgebundene, von jeder Werbung unabhängige Aneignungswünsche gesteuert wird. Ja, daß die Gefahr einer Konsumhypertrophie oft gerade bei Gegenständen liegt, für die überhaupt keine intensive Werbung betrieben wird. Auch die Unzahl der Sammler zu allen Zeiten und lange vor der Industriegesellschaft mit ihrer Werbung beweist, wie allgemein der gezielte, ununterdrückbare Aneignungstrieb im Menschen sein muß. Vermutlich ist er ein Überbleibsel, sublimiert auf irgendeinen zufällig erkorenen Gegenstand, aus der Zeit unserer Stammesgeschichte, da nur Menschen mit Eichhörnchentrieben den Winter überlebten. Für wieviel verschiedene, oft merkwürdige Dinge gibt es doch Millionen von Sammlern auf der Welt: für Dinge wie Schmetterlinge, Steine oder Muscheln, zu deren Kauf auch nicht die geringste Reklame lockt.

Von diesem Sammeltrieb, ebenso wie vom Brillenfetischismus des Psychiaters, ist es nur ein kurzer Weg zu anderen Konsumzwängen. Wir hatten einmal eine Nachbarin, die jahrelang Waschlappen sammelte. Sie konnte keine Drogerie, kein Warenhaus, kein Wäschegeschäft verlassen, ohne nicht einen weiteren Waschlappen, meist mit einem fröhlichen oder interessanten neuen Muster, gekauft zu haben. Am Ende besaß sie hunderte Lappen. Weit mehr als selbst die reinlichste Familie je aufbrauchen konnte. Nun gehören Waschlappen ebenso wie Brillengestelle zu den Waren, für die so gut wie keine Werbung getrieben wird. Und umgekehrt hat beispielsweise die jahrzehntelange intensive Werbung für die automatische (sich selbst aufziehende) Armbanduhr es nicht erreichen können, daß sich mehr als etwa 20 Prozent aller Uhrenkäufer für sie entscheiden.

Weshalb halten so viele Politiker den Menschen mit 18 reif zum Wählen und zum Freien, mit 23 zum Gesellschaft-Verändern; aber zum vernünftigen Einkaufen langt es bei ihm angeblich nicht einmal mit 40: Kein Kauf eines Industrieproduktes, auf Grund unzureichender Information, kann für den einzelnen je so schwerwiegende Folgen haben wie die Wahl des falschen Ehepartners. Wer also mit Hilfe des Staates am Glück des Nächsten basteln möchte, müßte zuerst die Regulierung der Partnerwahl fordern. Letztlich haben viele Männer ihr Leben ruiniert, weil sie bei einer jungen Dame auf die „falsche Verpackung" hereinfielen, aber niemand dürfte je finanziell ruiniert worden sein, weil er jahrelang Zahnpastatuben kaufte, die fünf Gramm weniger enthielten, als er annahm.

Das Heuchlerische, die Inkonsequenz der dirigistischen Konsumentenschützer, der Bevormunder des „mündigen Bürgers", sobald es um den Kauf alltäglicher Dinge geht, zeigt sich ja gerade im Falle der Ehemündigkeit. Achtzehnjährige, denen ein jugendbesessener Gesetzgeber es ermöglicht, sich ohne Rat und Zustimmung ihrer Eltern zu heiraten, können in für sich, ihre Nachkommen und die Gemeinschaft ungleich schädlichere und teurere Mißheiraten geraten als je der voreilige Konsument, der sich in ein Industrieprodukt verliebt hat.

Früher wurde die Partnerwahl deshalb auch selten den jungen Leuten überlassen, sondern von den Eltern vorgenommen: eben um die Verführung durch täuschende Verpackungen zu verhindern. Unsere emanzipierte Jugend ist sicher nicht bereit, die errungene *Freiheit zum Irrtum* bei der Partnerwahl wieder aufzugeben. Weshalb klatscht sie dann oft mit solcher Begeisterung, wenn die Linken ihr eine Wirtschaftsform empfehlen, deren bürokratischer Dirigismus dem Verbraucher gegenüber sich aus demselben Hochmut herleitet, mit dem Eltern früher die Partner für ihre Kinder aussuchten? Oder könnte es sein, daß unsere Jugend in dem Maße sich nach einem obersten Wirtschaftsdiktator sehnt, in dem sie im außerökonomischen Bereich ihres Lebens sich an der Normenlosigkeit zu Tode langweilt?

Der Futurologe Robert *Jungk* liebt es, die marktfeindlichen Thesen von Galbraith und Marcuse zu Ende zu spinnen. Man müsse, so Jungk, auch die industrielle und technische Entwicklung der „Demokratisierung" unterwerfen. Das heißt: „Diejenigen, die ein Produkt kaufen sollen, könnten doch vielleicht erst einmal in einer demokratischen Diskussion erörtern, ob das Erzeugnis überhaupt notwendig ist." Dies sei dem heutigen Verfahren vorzuziehen, bei dem Technik, Wissenschaft und Wirtschaft neue Möglichkeiten ersinnen, um sie danach durch Reklame anzubieten.

Mit anderen Worten: amtliche Demoskopie (die nicht an einem möglichen Unternehmergewinn interessiert ist) oder

– noch schlimmer – endlose Palaver von mißvergnügten Intellektuellen, die für ihre beschränkten Mitbürger entscheiden, was notwendig und was Luxus ist, würden in Zukunft an Stelle der bisherigen Kräfte treten, denen wir die Innovationen auf den meisten Gebieten verdanken. Und auch die Gewerkschaften in der Bundesrepublik begründen ihren Anspruch auf Mitbestimmung durch ihre Funktionäre in den industriellen Großbetrieben unter anderem mit einer Art neuerungsfeindlichem Spätpuritanismus. Nicht der profitgierige Unternehmer, der Manager, der Kapitaleigentümer oder der von ihm bei seiner Karriere abhängige Produktentwicklungsfachmann dürfe entscheiden, was neu für den Markt entwickelt werden soll, sondern der Vertreter der Gewerkschaften. Dieser wisse viel besser, was dem Verbraucher in fünf, zehn oder fünfzehn Jahren wirklich die höhere Lebensqualität bescheren werde. Was dabei herauskäme, läßt sich an einem Beispiel zeigen.

Als ich 1950 meinen Wohnsitz in den USA nahm, hatte die automatische Kupplung als „Luxus-Extra" für Personenkraftwagen gerade begonnen, sich beim kleineren Teil der PKW-Käufer Freunde zu gewinnen. In den Jahren 1950 bis etwa 1955 gehörte die automatische Kupplung beim amerikanischen PKW zu den beliebtesten Prügelknaben der (mehr oder minder links) -intellektuellen Gesellschaftskritik: Wie unnötig, wie kostspielig, wie unmännlich, wie verweichlichend, wie reparaturanfällig sei doch diese Neuerung. Unzählige Glossen und ernstgemeinte Artikel in den Zeitschriften der „progressiven" Intelligenz mokierten sich über den dummen amerikanischen Autokäufer, der sich von einer profitgierigen Industrie durch skrupellose Reklame Automobile mit der völlig unnötigen automatischen Kupplung aufschwatzen ließ. Wenn mich mein Gedächtnis nicht trügt, war unter diesen Kritikern auch bereits John K. *Galbraith.*

Wie wirksam diese Anti-Werbung, die Verteufelung der automatischen Kupplung durch die marktfeindlichen Publizisten war, erfuhr ich an mir selbst: Als ich 1954 meinen zweiten Wagen in den USA kaufen wollte, war ich so von der Mangelhaftigkeit, der Überflüssigkeit der automatischen Kupplung überzeugt, daß ich von Autohändler zu Autohändler zog, um ein Exemplar des in Frage kommenden Wagentyps auf Lager zu finden, das noch die alte Art der Gangschaltung hatte. Die Händler konnten meinen Wunsch nicht mehr recht verstehen, wußten aber, woher das Vorurteil kam. Endlich fand ich in einem Vorort einen Händler, der den gesuchten Wagentyp der Produktion 1954 noch ohne automatische Kupplung vorrätig hatte. Leider konnte er mir aber für meinen alten Wagen nur weit weniger bieten als die größeren Händler im Zentrum der Stadt. Nach langem Hin und Her entschied ich mich für den Händler, der mir den besten Preis für den Altwagen bot, und kaufte einen Wagen, bei dem bereits alles automatisch war: nicht nur die Kupplung, sondern auch Lenkung und Bremsen waren „power"-versorgt, also „Servo-". Und ich habe es nie bereut. Schon nach wenigen Tagen hätte ich die automatische Kupplung nicht mehr missen mögen. Längst hat sich inzwischen in den USA diese Art von Gangschaltung durchgesetzt. Auch die Einkäufer für Regierung und Streitkräfte, ebenso wie die gewerblichen Benutzer von PKWs und LKWs, sind seit Jahren dazu übergegangen, ausschließlich die Automatik zu verlangen, weil diese, unabhängig vom Geschick und der Laune des Fahrers, die Mechanik des Wagens am besten schont.

Meiner Beobachtung nach hat sich aber die automatische Schaltung auch günstig auf das Verhalten der Autofahrer den Fußgängern gegenüber ausgewirkt. Die oft bestaunte Rücksicht amerikanischer Fahrer, an einem Zebrastreifen zu halten, anstatt gerade noch vor einem Fußgänger vorbeizurasen, hängt nicht zuletzt von der Mechanik ihres Wagens ab, die es erlaubt, zu halten und wieder weiterzufahren, ohne sich mit lästigem Schalten aufzuhalten. Wer angesichts eines Fußgängers, der den ersten Schritt auf dem Übergang getan hat, die ganze Prozedur eines nicht automatisierten Anfahrens vor sich hat, wird eher geneigt sein, aufs Pedal zu treten, um am erschrockenen Fußgänger noch vorbeizukommen.

Auch die Bewohner von Häusern an Straßenkreuzungen werden viel weniger durch Lärm gestört, wenn praktisch der gesamte Kraftwagenstrom aus Fahrzeugen besteht, in denen geräuschlos und automatisch geschaltet wird. Kein vernünftiger Mensch wird heute also noch erklären können, es wäre besser gewesen, wenn man es Anfang der fünfziger Jahre in Amerika durch „Demokratisierung" der wirtschaftlichen Produktentwicklung nicht zur automatischen Kupplung hätte kommen lassen – wozu die Elite der Gesellschaftskritiker damals einhellig Lust hatte.

Ob also die geforderte „Demokratisierung" der Produktentwicklungen und die Drosselung ihrer Einführung auf einem Markt durch Reklame zu einer „humaneren" Welt führt, möchte ich entschieden bezweifeln. Ein solcher, die Öffentlichkeit repräsentierender Aufsichtsrat, der über „falsche Bedürfnisweckung", über „geheime Verführung" und „frivolen Luxus" wachen würde, brächte einen guten Teil des allgemeinen Innovationsprozesses zum Erliegen. Er würde sein Mißtrauen nicht nur gegen einzelne Produkte und ihre Verbesserung richten, sondern auch gegen Neuerungen auf dem Dienstleistungssektor. Wer brauchte schon, aus der Sicht von linksintellektuellen Futurologen des Jahres 1950, Selbstwählverkehr beim Telephonieren oder ein Leihwagensystem, das dem einzelnen gestattet, einen PKW fast an jedem Ort zu mieten und an einem anderen zurückzugeben?

Nichts spricht deutlicher für den geistigen Bankrott der vermeintlich progressiven Wirtschafts- und Gesellschaftskritiker der letzten zwanzig Jahre als die Tatsache, daß alle ihre Vorschläge schließlich auf eine Bevormundung des Produzenten wie des Verbrauchers hinauslaufen: eine tantenhafte, rückwärtsgewandte Bevormundung, die an mittelalterliche und antike Luxusgesetzgebung erinnert. Hinter dem künstlich aufgebauten Gegensatz zwischen Wirtschaft und Gesellschaft halten sie ein Bündel von Absichten voller Widersprüche bereit. Das „Profitinteresse" der Unternehmer und die „Konsumidiotie" der Verbraucher sollen durch gesellschaftspolitische Prioritätenfestsetzung abgelöst werden. Ob sich dadurch optimale Investitionsentscheidungen für grundsätzlich knappe Mittel in einer Volkswirtschaft ergeben werden, ist sehr fraglich. Kaum eine, und sei sie durch Werbung mitverursacht,

Konsumentscheidung im privaten Sektor kann je zu einer so massiven Mittelvergeudung führen wie eine einzige falsche Entscheidung im öffentlichen Sektor. Ein Beispiel, das fast komische Züge trägt: vor wenigen Jahren verlangte die Bonner Regierung den Einbau von kugelsicheren Trennscheiben in allen Taxis. Nur ein Jahr nach dieser Investition konnten sie bereits wieder ausgebaut und weggeworfen werden. Seit 1972 reden die Verfechter immer höherer und immer weiserer Staatsausgaben regelmäßig, von Fernsehdiskussion zu Fernsehdiskussion, von einem unterstellten Mangel an öffentlichen Schwimmbädern. Diese traten an die Stelle der Kindergärten; vielleicht, weil man für diese auch die fehlenden Kindergärtnerinnen herbeizaubern müßte, während man Schwimmbäder zur Not mit Gastarbeitern betreiben kann. „Nur Reiche können sich einen armen Staat leisten, weil sie sich ihre eigenen Schwimmbäder bauen" – lautet die ständig wiederholte These. Zahlen über Nutzungsgrad vorhandener und Bedarf neuer Bäder werden dazu nie genannt. Immerhin: Das recht überflüssige Olympiadach in München war 1968 auf ca. 25 Millionen Mark veranschlagt worden. Sein vorläufig endgültiger Preis bis zum August 1972 betrug rund 190 Millionen Mark. Allein der Betrag, um den sich die öffentliche Hand hier bei den Kosten für den Ersatz-Eifelturm beim Kostenvoranschlag aus – wie der Bayerische Rechnungshof feststellte – Gleichgültigkeit geirrt hat, hätte ausgereicht, um zum Beispiel die Bundesrepublik mit schätzungsweise 150 großen Hallenbädern (oder 600 Freischwimmbädern) zu überziehen. Ob es dann noch viele Bürger gegeben hätte, die nicht schwimmen gehen können, wenn ihnen danach der Sinn steht, ist zweifelhaft.

# 14. „Umwelt" als Knüppel

Seit knapp vier Jahren ist die zivilisationsbedingte Umweltverschlechterung der wichtigste Knüppel, mit dem auf das Gewissen der Nutznießer freier Wirtschaftssysteme eingedroschen wird. Die Umweltpolitik hat zuerst in den USA die sozialpolitischen Ziele der sechziger Jahre abgelöst und kam dann bald nach Europa. Wie meistens, wenn sich Politiker und ihre Trabanten in den Massenmedien auf ein neues Ziel stürzen, gehen die Unterscheidungen verloren. Einige Überlegungen sollten deshalb angestellt werden.

Zwar ist die Umweltverseuchung durch die Stoffwechselprodukte einer Zivilisation mit demokratischem Verteilungsprinzip in vielen Ländern der Erde zweifellos widerwärtig und bedrohlich. Doch besteht die Gefahr, daß in der politischen Ausschlachtung dieses Übels Wehleidigkeit, Masochismus, ja eine Hypochondrie sich breit machen, die nur zu gut zu jenen Gemütern passen, die sich heute für die Vorhut der Modernität halten.

Viele klagen heute die gesamte Wirtschaft an, suchen sie mit einem „schlechten Gewissen" zu belasten, weil die Industriegesellschaft die Umwelt für den Menschen zunehmend verschmutze. Die Kritiker machen es sich aber etwas zu einfach. Es wäre notwendig, laufend und genau zu untersuchen und zu unterscheiden, was, wieviel, weshalb heutige industrielle Vorgänge und ihre Endphasen beim Verbraucher an Umweltverschlechterung mit sich bringen und inwieweit dieselben oder andere industrielle Vorgänge auch gleichzeitig eine Umweltverbesserung herbeiführen. Vance Packard, Galbraith u. a. klagen zum Beispiel die Wegwerfbereitschaft der heutigen Konsumgesellschaft an. Wenn wir aber einen wichtigen Beitrag zur Gesunderhaltung, zur Hygiene der menschlichen Umwelt in der Freihaltung unserer Umwelt von Krankheitskeimen sehen, gewinnt die Wegwerfzivilisation ein anderes Gesicht.

Wer sich auch nur ein wenig in der Kulturgeschichte der Menschheit umsieht, merkt bald, daß es mit der Sauberkeit, der Naturfrische früher keineswegs so gut bestellt war, wie man heute glaubt. Menschen haben auch schon vor Jahrhunderten und Jahrtausenden sehr dicht besiedelt gewohnt. Das Problem der Abfallbeseitigung war in den meisten Fällen nicht gelöst. Einige der glanzvollsten Epochen bisheriger Zivilisationen und ihre Hauptstädte waren stinkende Kloaken, auch für die Aristokratie.

Eine Hauptquelle der heutigen Umweltverseuchung ist der Gehalt der Luft an chemischen Verbindungen, die bei einem Verbrennungsprozeß übrigbleiben, wie Kohlenmonoxyd, Teer-Partikel und anderes. Verglichen mit der Luft in unbesiedelten und unbefahrenen Gegenden ist die Stadtluft heute sehr unerfreulich. Selbstverständlich sollte keine technische Möglichkeit unversucht bleiben, die eine weitgehende Entgiftung unserer Atemluft verspricht. Es wäre auch durchaus denkbar, daß manche Gewohnheiten und Bequemlichkeiten der Umwelthygiene zuliebe aufgegeben werden müssen. Allerdings dürften die Nichtraucher dann auch endlich das Grundrecht fordern, jeden Beruf ausüben zu können, ohne verpflichtet zu sein, im Tabaksqualm anderer zu sitzen.

Beispielsweise müßte es gesetzlich gewährleistet sein, ohne ein Risiko der persönlichen beruflichen Chancenverminderung, jederzeit verlangen zu können, daß in einer Sitzung nicht geraucht wird, wenn ein zur Teilnahme verpflichteter Nichtraucher es verlangt. Das müßte für Sitzungen im öffentlichen wie im privatwirtschaftlichen Bereich gelten. Solange das als Utopie oder den Rauchern unzumutbar gilt, ist es reine Heuchelei, wenn man der Luftreinheit halber den Verzicht auf private Automobile zugunsten öffentlicher Verkehrsmittel legislativ erzwingen will. Das wird aber in verschiedenen Ländern bereits ernsthaft erwogen, oft genug wahrscheinlich von Politikern, die sich nicht das Geringste daraus machen, ihren nicht rauchenden Mitarbeitern in Marathonsitzungen Zigarrenrauch in die Augen zu blasen, dessen Schädlichkeit die Stadtluft um einiges übertrifft.

Die größeren Schwierigkeiten für eine Verringerung der Umweltvergiftung zumindest in der Atmosphäre liegen heute nicht mehr bei den Industrieanlagen. Diese haben vielfach schon und können jedenfalls ihre Abgase und Abfallprodukte weitgehend unschädlich machen. Die Hauptgefahr für die zunehmende Verseuchung oder Vergiftung bilden die Konsumgewohnheiten der Einzelverbraucher. Vermutlich geht es jedoch bei der gegenwärtigen Kritik an der Umweltverschlechterung viel mehr um ästhetische Gesichtspunkte, um Appetitlichkeit, um subjektive Eindrücke des Frischen und Gesunden, weit weniger um wirklich nachweisbare und meßbare biologische Schädigungen des menschlichen Organismus. Zu dieser Vermutung führt eine einfache Überlegung.

Seit Menschen sich das Feuer dienstbar gemacht haben, also seit etwa einer halben Million Jahren, bis ins 20. Jahrhundert hinein, wärmten sich alle Menschen in den kälteren Breiten der Erde ihr Leben lang an Feuerstellen, die weit mehr schädliche Verbrennungsprodukte in der Atemluft zurückließen, als wir zur Zeit in Großstädten bei ungünstigen Verkehrs- und Wettersituationen erwarten können. Ungeachtet dieser Aufnahme von schädlichen Abgasen und Schwebestoffen hat sich in diesen Jahrtausenden eine Entwicklung, Vermehrung, eine allgemeine körperlich-geistige Aufwärtsentwicklung des Menschengeschlechts abgespielt. Ein Naturwissenschaftler könnte einmal ausrechnen, wieviel schädliche Verbrennungsprodukte ein Mensch im Laufe seines Lebens aufgenommen hat, wenn er in geheizten Höhlen, Zelten, primitiven Blockhäusern, ja selbst in Steinhäusern mit offenen Kaminen sein Leben verbringen mußte. Es gibt auch noch Naturvölker, bei denen sich solche Messungen ausführen ließen. Verglichen mit früheren Heizverfahren in den Unterkünften der Menschen, atmet der Bewohner einer heutigen Industriegesellschaft in seiner Wohnung sehr wahrscheinlich eine wesentlich ungefährlichere Luft. Wahrscheinlich kann er deshalb auch im Straßenverkehr, von Einzelfällen abgesehen, manche chemische Verunreinigung weit besser ertragen, als man gemeinhin annimmt.

Mit Recht nannte der Friedenspreisträger Gunnar Myrdal in seiner Rede in der Paulskirche die Gefährdung durch Umweltverschmutzung und die Rauschgiftmode in einem Atemzug. Man sollte das beherzigen und nicht mehr aufhören, unseren Reformpolitikern immer wieder entgegenzuhalten: Eure Sorge, euer Gesetzgebungseifer in Sachen Umweltschutz sind unglaubwürdig, wenn euch der Mut fehlt, gegen die Rauschgiftseuche wirksame Maßnahmen einzuleiten, nur weil sie vielleicht Eingriffe bedeuten, die fast so weit gehen könnten wie diejenigen, die eine konsequente Umweltreinigung erfordern würde. Beobachtet man die Reizbarkeit, die Gehässigkeit mit der manche Publizisten in unseren Massenmedien auf jeden reagieren, der angesichts der Rauschgiftmode Alarm schlägt, ist ihre Einseitigkeit bei der Bekämpfung der „Konsumidiotie" offensichtlich. Es hat in diesem Jahrhundert in der westlichen Welt, in den Industrienationen sicherlich noch keine einzige Konsumgewohnheit gegeben, die so uneingeschränkt den Namen „Konsumidiotie" verdienen würde wie der Rauschgift- und Halluzinationsdrogenkonsum der letzten zehn Jahre.

Nachdenkenswert ist dabei auch dies: der Rauschgiftkonsum weitete sich in einer noch vor zehn Jahren von keinem Fachmann auch nur geahnten Weise aus, ohne im geringsten durch irgendeine Industrie- oder Einzelhandelswerbung angepriesen zu werden. Bedrohlich große Teile vor allem der jugendlichen Bevölkerung können sich durch eine Konsumgewohnheit schädigen, die in keiner Weise durch irgendeinen Vorgang in der legitimen Wirtschaft geschaffen wurde.

Es wird interessant sein, zu beobachten, inwieweit sich unsere Gesetzgeber entsprechend ihrer Beflissenheit beim Umweltschutz auch zu einem Innenweltschutz bei Jugendlichen entschließen, wenn dieser mit Emanzipationsexperimenten der linken Intellektuellen kollidiert.

# 15. Mitverantwortung oder Manipulation?

Auffallend ist eigentlich, wie sehr man etwa seit zehn Jahren das Nachdenken über einen künftigen *Menschentyp* zugunsten von Spekulationen über eine völlig neue Gesellschaft aufgegeben hat. Im allgemeinen ist heute weit mehr Mut vorhanden, die künftige Gesellschaft auszumalen, als nach den Möglichkeiten und Verhaltensweisen eines qualitativ neuen Menschen zu fragen.

Das hat Gründe. Über die qualitative Veränderbarkeit des Menschen dürfen wir heute wesentlich begründetere Skepsis haben als noch vor einigen Jahrzehnten. Die ,,Gesamtgesellschaft" erscheint leichter plan- und veränderbar. Zudem tröstet man sich, daß nach der Veränderung der sozialen Strukturen ganz von selber auch der neue, der optimale Menschentyp sich einstellen würde.

Diese Neigung, weniger über den Menschen als über die Gesellschaft der Zukunft sich den Kopf zu zerbrechen, hat jedoch zwei Konsequenzen. Die futurologischen Gedankenflüge, die sozialen und technischen Utopien entziehen sich jeder Kontrolle an einem einigermaßen fixen Punkt, etwa dem der menschlichen Natur. Zugleich aber, indem sie bewußt die menschliche Natur ausklammern, geben sie indirekt zu, daß die Gesellschaft der Zukunft dem bisherigen Menschen politisch aufgezwungen oder abgerungen werden muß, daß es also eine ,,Manipulation" des Menschen geben wird, nur mit dem Unterschied, daß die in der Gegenwart sich wehleidig manipuliert Vorkommenden in der Zukunft die Manipulierer sein werden.

Die unmittelbarste und für viele einzige ,,Mitverantwortung

an der Welt von morgen" besteht aus dem Einfluß, den jeder von uns auf ein paar jüngere Menschen, in erster Linie seine Kinder oder Schüler, haben wird. Es ist deshalb erstaunlich, wie viele bereits glauben, daß sie ihrer Aufgabe als Eltern und Erzieher gerade dann gerecht geworden seien, wenn sie in der jüngeren Generation so gut wie keine Spuren ihrer eigenen Persönlichkeit und Weltauffassung zurücklassen. Ein merkwürdiges Schuldgefühl regt sich bei manchen, die glauben, ihre eigentliche „Mitverantwortung" für die künftige Welt bestünde darin, diejenigen, die in dieser Welt tätig sein werden, sowenig wie möglich beeinflußt, geprägt, beraten und mit Wertvorstellungen erfüllt zu haben.

Seit einigen Jahren läßt sich folgender Widerspruch in der Gesellschaftspolitik in westlichen Ländern beobachten. Fast im selben Grade, in dem man sich für die Angleichung der Entwicklungsländer-Bevölkerungen an die Verhaltensmuster, an die Wertvorstellungen der westlichen Industriegesellschaften verantwortlich fühlt, ist zugleich im Binnenland der Mut und das Selbstvertrauen geschwunden, den jugendlichen eigenen Landsleuten, den eigenen Söhnen und Töchtern das Ausweichen in verschiedene Subkulturen zu verwehren oder auch nur zu verargen. In der eigenen Gesellschaft räumen wir, so scheint es, jedem das Recht ein, auf seine Weise selig zu werden, selbst wenn wir genau wissen, daß dieser junge Mensch sich beruflich und gesundheitlich zugrunde richtet. Es gilt als höchst unmodern, sich an dem Tummeln der eigenen Jugend in leistungsfeindlichen Subkulturen (Hippies, Blumenkinder, Rauschgiftkulte) zu stoßen, aber zugleich als Pflicht, ferne exotische Bevölkerungen zwecks Erreichen eines westlich-industriellen Lebensstandards von all denjenigen leistungshemmenden Persönlichkeitsmerkmalen zu befreien, die wir bei einem Teil der eigenen Jugend zu übersehen, wenn nicht schon als normal zu betrachten geneigt sind. Ganz abgesehen von dem Paradox, das ich hier zur Diskussion stellen möchte, zeigt die Gegenüberstellung auch die Schwierigkeit eines solchen Verwandlungsprozesses der durchschnittlichen Persönlichkeit in Entwicklungsländer-Bevölkerungen. Glaubt man wirklich, den Einwohnern karibischer Inseln oder südostasiatischer Dörfer leichter entwicklungsverhindernde Kulte und Vorstellungen abgewöhnen zu können, als Studenten und Schülern bei uns fast analoge Rauschgiftkulte, die sie verhindern, ihr Studium mit Erfolg abzuschließen?

Heute ist die Zuversicht, der Mut, das Selbstvertrauen zu einer rationalen Gesellschaftspolitik im Binnenraum der Gesellschaft vermutlich in dem Grade geschwunden, in dem man sich in utopischer Überschätzung der Beeinflussungsmöglichkeiten die Entwicklung ferner und exotischer Völker in der für uns überschaubaren Zukunft zur Aufgabe und Pflicht gemacht hat. Die Rationalität, der wirkungsoptimale Einsatz von Mitteln wird immer um so geringer sein, je (subjektiv) schlechter das Gewissen der Entscheidenden ist. Der gemeinsame Nenner für unser aller schlechtes Gewissen in den westlichen Industrieländern, unabhängig von den besonderen Vergangenheiten, die in den einzelnen Ländern zu bewältigen sind, wird seit 20 Jahren durch die Entwicklungsländer geboten.

Wer sich für alles auf der Welt verantwortlich fühlen möchte, zugleich aber in einer Kultur großgeworden ist, in der die Erkenntnis eines Problems auch sofort zum Impuls einer Lösung des Problems führt, wird sich, je nach Gemütsverfassung, vereitelt, frustriert vorkommen und im Grunde genommen auch die Lust und den Mut zur rationalen Gestaltung der nächstliegenden Dinge verlieren. Die Begeisterung für Futurologie, das Engagement an der Mitgestaltung einer immer ferneren Zukunft in immer ferneren Ländern ist seit der Mitte unseres Jahrhunderts auch in dem Maße gestiegen, in dem die eigene Vergangenheit gleichgültig, verdächtig und ablehnungswürdig geworden ist. Fast alle Völker haben heute irgendeine peinliche Vergangenheit zu bewältigen. Es sind keineswegs allein die Deutschen, die an ihrer Geschichte im 20. Jahrhundert leiden. Die Briten tragen am Kolonialismus, die Amerikaner an der Geschichte des Negers im eigenen Lande, und die Schweden wiederum, so vermuten einige Beobachter, leiden an einer Vergangenheit, in der sie nie zu kämpfen hatten. Es gibt eigentlich fast kein gegenwärtiges Volk auf der Erde, dem die eigene Vergangenheit nicht aus irgendeinem Grund widerwärtig gemacht werden kann. Ich möchte keineswegs behaupten, es sei ausnahmlos gut oder wünschenswert, wenn sich eine Nation voller Stolz an jeden Augenblick der eigenen Geschichte erinnert. Ganz im Gegenteil. Aber es spricht doch viel dafür, daß eine übersteigerte und über das Realisierbare hinausgehende „Mitverantwortung" an der fernen Zukunft, der Glaube an die rationale Gestaltbarkeit, die Planbarkeit der künftigen Gesellschaft und möglichst gleich der „Gesamtweltgesellschaft" eine direkte Folge des Unbehagens und des schlechten Gewissens ist, mit dem man mehr als je zuvor seit der Mitte unseres Jahrhunderts die eigene Vergangenheit zu betrachten pflegt.

# Literaturnachweise

Einzele Kapitel dieses Bandes enthalten Abschnitte aus Veröffentlichungen des Verfassers in Tageszeitungen und Zeitschriften. Keine dieser Veröffentlichungen wurde vollständig und alleinstehend übernommen. Außerdem wurden alle Texte stark überarbeitet und ergänzt. In vielen Fällen wurden verschiedene Teile eines einzigen Aufsatzes in verschiedene Kapitel dieses Bandes eingefügt. Deshalb wäre es nicht sinnvoll, die einzelnen weit verstreuten veröffentlichten Beiträge hier aufzuführen, auf die für die Abfassung des vorliegenden Bandes zurückgegriffen wurde.

Mit Rücksicht auf die angestrebte Kürze dieses Bandes wurden die Anmerkungen auf die wichtigsten Belege beschränkt. In einigen Fällen ist die Quelle für Zitate oder Daten aus dem Text ersichtlich. in den übrigen Fällen genügt es, im folgenden Abschnitt nach der entsprechenden Seitenzahl zu suchen, um die Quellenangabe oder einen Beleg für die jeweilige Textseite zu finden.

*S. 58:* Arthur Koestler, Pfeil ins Blaue: Selbstbiographie 1905–31, 1953, S. 324f.

*S. 64:* Das Zitat aus meiner früheren Veröffentlichung findet sich in „Das Problem des Neides in der Massendemokratie". In: Masse und Demokratie. Hrsg. v. Albert Hunoldt. Volkswirtschaftliche Studien für das Schweizerische Institut für Auslandforschung. Erlenbach-Zürich, 1957.

*S. 65:* George F. Kennan, Rebellen ohne Programm, Stuttgart 1968. Kennans Ansprache aus dem Jahr 1955 findet sich in der Zeitschrift *Social Research,* New York, Bd. 22, S. 132f.

*S. 68:* J. W. Krutch, The Best of Two Worlds, New York, 1953, S. 20ff.

*S. 88:* Oskar Morgenstern, Über die Genauigkeit wirtschaftlicher Beobachtungen, 2. A. 1965.

*S. 97:* Für das Studienjahr 1973/74 wird in den Vereinigten Staaten die Studiengebühr allein, also die Zahlung an die Hochschule für zwei

Semester Unterricht (ohne Ausgaben für Unterhalt und Lernmittel), pro Student in der College-Stufe (Grundausbildung) beispielsweise betragen: an berühmten Privathochschulen wie Yale, Harvard, Cornell, Princeton 3200 bis 3400 Dollar, an weniger berühmten privaten Hochschulen zwischen 2500 und 3000 Dollar. Öffentliche Colleges verlangen von Studierenden außerhalb des Gliedstaates zwischen 1000 und 2500 Dollar und von Studierenden aus dem jeweiligen Bundesstaat immerhin noch zwischen 300 und 600 Dollar. (Quelle: U.S. News & World Report, 9. April 1973, S. 47.)

Da die bis zum 18. Lebensjahr in der kostenlosen integrierten Gesamtschule verbrachten zwölf Schuljahre so gut wie keine brauchbare Berufsausbildung und eine völlig uneinheitliche, dürftige Allgemeinbildung vermitteln, ist die mit dem deshalb in der Regel angestrebten College-Besuch verbundene Kostenlawine für jede Familie eine um so größere Zumutung, die man vermutlich nur deshalb, oft unter großer Verschuldung, klaglos erträgt, weil man nicht weiß, wie großzügig das kostenlose Ausbildungsangebot in einem vergleichbaren Industriestaat wie die Bundesrepublik Deutschland ist.

*S. 101:* Seit einiger Zeit liegen bei uns auch empirische Untersuchungen über das Sprachvermögen der Schulkinder aus verschiedenen sozialen Schichten vor, die erhebliche Zweifel wecken an der Stichhaltigkeit der Bernsteinschen Hypothesen (die von manchen unserer Kultusminister, Bildungspolitiker und Schulbuchverfasser nach wie vor als bare Münze genommen werden), z. B. K. A. Wiederhold, Kindersprache und Sozialstatus, Ratingen 1971, S. 202ff. Ferner M. Sommer, Sozio-ökonomische Faktoren in der Sprache sechsjähriger Schulanfänger, Ratingen 1972.

*S. 106:* Welche guten Weiterbildungs- und Berufschancen für begabte Volksschulabsolventen in unserem bisherigen Berufsausbildungswesen bestanden, hat eine großangelegte empirische Untersuchung des Berufsweges von rund 800 gut begabten ehemaligen Volksschülern gezeigt, die mein Schüler Dr. Winfried Sommer unter dem Titel „Schulleistung und Berufserfolg" im Herbst 1973 im F. Enke Verlag, Stuttgart, veröffentlichen wird.

*S. 113:* Zum Beispiel wurde im April 1973 in Großbritannien ein Antrag auf Wiedereinführung der Todesstrafe im Unterhaus mit einer Mehrheit von 142 Stimmen abgelehnt, kurz danach ergab eine Umfrage, daß mehr als 80% der Wähler für die Wiedereinführung gewesen wären (Frankfurter Allgemeine Zeitung, 13. 4. 1973, S. 7).

*S. 115:* Über solche Befragungen bezüglich der Gerechtigkeit von progressiven Einkommensteuern berichtet z. B. W. G. Runciman, Relative Deprivation and Social Justice, London 1966.

*S. 116:* Ernst Buchholz, Kunst, Recht und Freiheit, 1966, S. 18.

*S. 126:* Über die Unmöglichkeit, einen bestimmten Progressionsverlauf der Einkommensteuer als „richtig" hinzustellen, vergleiche

Fritz Neumark, Grundsätze gerechter und ökonomisch rationaler Steuerpolitik, 1970, S. 178 ff. Neumark weist auch auf die jeweils erst durch Intellektuelle erzeugten Ungerechtigkeitsgefühle hin (S. 68 f) und läßt über das ganze grundlegende Buch hinweg erkennen, wie wenig wohl ihm, aus wissenschaftlicher Redlichkeit, bei der Rechtfertigung des Progressionsprinzips zu Mute ist. – Die tatsächliche Ungerechtigkeit der progressiven Besteuerung ergibt sich bei uns nicht zuletzt aus der Tatsache, daß jedes Jahr, u. a. auch inflationsbedingt, immer mehr Steuerzahler mit entwerteten Nominaleinkommen in harte Progressionszonen hineinwachsen, die ihnen ursprünglich nie zugedacht waren.

*S. 133:* Joseph Breitbach, Die Jubilarin – Genosse Veygond – Requiem für die Kirche, S. Fischer Verlag, Frankfurt 1972.

*S. 152:* Zu Umweltverschmutzung und Heizgewohnheiten siehe den Bericht von Jochen Rudolph über die Entwicklung in England, Frankfurter Allgemeine Zeitung, 28. 4. 1973.

*S. 156:* Über den Zusammenhang zwischen dem schlechten Gewissen in Deutschland nach 1945 und der Hilflosigkeit gegenüber der sich seit Mitte der 60er Jahre militant ausbreitenden Gesellschaftskritik siehe auch Gerhard Funke, ,,Gesellschaft, Jugend, Bewußtseinsveränderung – ein neues bellum omnium contra omnes im 20. Jahrhundert", in: *Recht und Staat,* Festschrift für Günther Küchenhoff, hrsg. von H. Hablitzel u. M. Wollenschläger, Berlin 1972, S. 897–928 (im 2. Halbband). Ferner Gerhard Funke, ,,Gutes Gewissen, falsches Bewußtsein, Richtende Vernunft", Zeitschrift für philosophische Forschung, Bd. 25, 1971, S. 226–251.